30 dias
NA TERRA DOS *Salmos*

Publicações Pão Diário

Um devocional sobre a Terra Santa

30 dias
NA TERRA DOS *Salmos*

Charles H. Dyer

This book was first published in the United States
by Moody Publishers, 820 N. LaSalle Blvd., Chicago, IL 60610
with the tittle 30 Days in the Land of Psalms,
Copyright © 2017 by Charles H. Dyer.
Translated by permission. All rights reserved.

Coordenadora Editorial: Dayse Fontoura
Tradução: Renata Balarini Coelho
Revisão: Lozane Winter, Rita Rosário, Dayse Fontoura, Thaís Soler
Capa e Projeto gráfico: Audrey Novac Ribeiro
Fotos de capa: © Shutterstock
Diagramação: Rebeka Werner

Dados Internacionais de Catalogação na Publicação (CIP)

Dyer, Charles H.
30 dias na terra dos Salmos. Tradução: Renata Balarini Coelho — Curitiba/PR, Publicações Pão Diário.
Título original: *30 Days in the Land of Psalms*

1. Religião prática   2. Vida cristã   3. Meditação e devoção

---

Proibida a reprodução total ou parcial, sem prévia autorização, por escrito, da editora.
Todos os direitos reservados e protegidos pela Lei 9.610, de 19/02/1998.
Permissão para reprodução: permissao@paodiario.org

Exceto quando indicado o contrário, os trechos bíblicos mencionados são da edição Revista e Atualizada de João F. de Almeida © 2009 Sociedade Bíblica do Brasil.

Publicações Pão Diário
Caixa Postal 4190, 82501-970 Curitiba/PR, Brasil
publicacoes@paodiario.org
www.publicacoespaodiario.com.br
Telefone: (41) 3257-4028

Código: XM178
ISBN: 978-1-68043-353-1

1.ª edição: 2017

Impresso na China

*Para Cheri e Mike Fitzsimmons e para toda a equipe
do Morning Star Tours — amigos que compartilham
da mesma paixão por Israel e que trabalham incansavelmente
para ajudar outras pessoas a experimentar essa mesma
realidade que transforma vidas. Agradeço a vocês
pelo compromisso com a excelência!*

Alegrei-me quando me disseram:
Vamos à Casa do S<small>ENHOR</small>.
Pararam os nossos pés junto às tuas portas,
ó Jerusalém! S<small>ALMO</small> 122:1,2

ÍNDICE

INTRODUÇÃO 11

DIA 1	*Salmo 1*	Aquele que é bem-aventurado	15
DIA 2	*Salmo 11*	O que o justo pode fazer?	21
DIA 3	*Salmo 18*	Deus é minha Massada	29
DIA 4	*Salmo 20*	Enfrentando o futuro com confiança	37
DIA 5	*Salmo 22*	Desamparado por Deus	43
DIA 6	*Salmo 23:1-4*	O Bom Pastor	49
DIA 7	*Salmo 23:5,6*	A graça soberana	55
DIA 8	*Salmo 30*	A oração de *Chanuca* de Davi	63
DIA 9	*Salmos 42–43*	Onde está Deus em meio a tanta dor?	69
DIA 10	*Salmo 46*	A cidade do nosso Deus	77
DIA 11	*Salmo 48*	A batalha que nunca aconteceu	83
DIA 12	*Salmo 56*	Lágrimas em um odre	89
DIA 13	*Salmo 84*	O peregrino agradecido	95
DIA 14	*Salmo 90*	Um cântico do deserto	103
DIA 15	*Salmo 91*	Debaixo de Suas asas	111
DIA 16	*Salmo 96*	Receitas para o Dia de Ação de Graças	117
DIA 17	*Salmo 100*	O "antigo centésimo"	125
DIA 18	*Salmo 102*	Conforto em meio ao conflito	133
DIA 19	*Salmo 118*	Uma canção para o monte das Oliveiras	139

DIA 20	Salmo 120	Orações solitárias em lugares desolados	145
DIA 21	Salmo 121	Uma pergunta perturbadora e uma resposta tranquilizadora	153
DIA 22	Salmo 122	A paz de Jerusalém	159
DIA 23	Salmo 125	Lição de Deus sobre geografia	167
DIA 24	Salmo 127	Nosso Construtor, Protetor e Provedor	175
DIA 25	Salmo 131	Tal Pai, tal Filho	183
DIA 26	Salmo 133	As bênçãos da unidade	189
DIA 27	Salmo 134	Turno da noite	197
DIA 28	Salmo 136	Repetição e revisão	203
DIA 29	Salmo 147	Os músculos de um homem	209
DIA 30	Salmo 150	Que a banda comece a tocar	217

NOTAS 223

Introdução

Em seu comentário explicativo sobre o livro de Salmos, o pastor e escritor norte-americano Warren Wiersbe descreve esta coletânea de cânticos como "o guia devocional insubstituível, o livro de oração e o hinário do povo de Deus". Todos nós temos nossas passagens favoritas no livro de Salmos — desde versículos isolados até salmos inteiros —, às quais frequentemente recorremos em busca de consolo, conforto e esperança em nossa jornada pela vida. Contudo, quanto realmente sabemos sobre esses cânticos de fé que tanto amamos?

Infelizmente, em muitos casos, sabemos pouquíssimo. As passagens que tanto amamos são semelhantes a minúsculas paisagens recortadas de um contexto histórico e geográfico mais amplo. Admiramos a beleza destas passagens, mas pouco sabemos sobre o que há por detrás delas. E, como resultado, muitas vezes, perdemos a profundidade e a riqueza que esses textos têm a nos oferecer.

Por exemplo, no Salmo 23, Davi nos lembra de que o Senhor é nosso pastor. Porém, o que significava ser um pastor de ovelhas no deserto desolado da Judeia? Para alguém que vive nos Estados Unidos, pastos verdejantes e águas de descanso podem fazê-lo vislumbrar um parque bem cuidado ao lado de algum lago tranquilo. Mas o que Davi estava vislumbrando quando escreveu tais palavras? Apenas quando nos depararmos com rochas irregulares à beira de uma ravina escarpada pontilhada com pequenas moitas de grama murcha e amarronzada, começaremos a compreender as palavras do salmista de forma mais rica e profunda.

Viajar para Israel é algo que propicia percepção e visão sobre o livro de Salmos, permitindo que o peregrino examine com mais atenção as telas individuais sobre as quais foram pintadas cada uma das 150 obras-primas que compõem o livro. E é por isso que incentivo todo aquele que puder a visitar a Terra Santa. Todavia, reconheço que muitas pessoas (talvez a maioria) jamais terão tal oportunidade. Esse é o motivo pelo qual escrevi este guia devocional. Meu objetivo é levá-lo a uma viagem *virtual* por Israel — uma jornada que o ajude a enxergar essa nação de uma maneira que lhe permita ler esta seção da Palavra de Deus com mais discernimento e clareza. Nossa viagem explorará a paisagem que compõe o pano de fundo dos Salmos. Para ajudá-lo a visualizar as cenas retratadas por seus escritores, incluí fotografias de minhas muitas viagens à Terra Santa.

Convido-o a se juntar a mim numa viagem rumo à terra do rei Saul, do rei Davi e do rei Salomão e de todos os outros autores que contribuíram para o livro de cânticos que conhecemos como Salmos.

Pelos próximos 30 dias exploraremos juntos essa terra com o livro de Salmos nas mãos. Não abrangeremos todos os salmos, mas exploraremos o suficiente para dar-lhe a sensação de andar pelo deserto com Davi e com os outros salmistas, viajar a Jerusalém com as multidões de peregrinos e caminhar pelos montes do país — desde o monte Hermom, na fronteira norte de Israel, até o monte das Oliveiras, de onde multidões de viajantes tinham a primeira vista de Jerusalém e do Templo! Para quem já viajou a Israel, espero que este livro traga lembranças maravilhosas do tempo transformador que passou nessa terra.

Antes de começarmos nossa jornada, vamos dar uma rápida olhada no próprio livro. A maioria dos cristãos ama ler o livro de Salmos, mas poucos realmente já estudaram a maneira como ele foi organizado. Eles o veem como uma composição de 150 cânticos isolados, algo bem parecido com os hinos individuais em um hinário. Porém, o livro de Salmos tem uma disposição bem específica. Ele é de fato dividido em cinco livros ou coletâneas. Os Salmos 1–41 são o Livro 1, basicamente, uma compilação dos salmos escritos por Davi. Depois, se você olhar sua Bíblia com atenção, descobrirá que os Salmos 42–72 são denominados como o Livro 2, e assim por diante. Estes livros ajudam a identificar o processo pelo qual os salmos foram individualmente reunidos e adicionados à Bíblia.

Cada um dos cinco livros ou coletâneas também termina com uma bênção distinta. Por exemplo, o Salmo 41 termina dizendo: "Bendito seja o SENHOR, Deus de Israel, da eternidade para a eternidade! Amém e amém!" (v.13). E o Salmo 72 termina de uma forma parecida: "Bendito seja o SENHOR Deus, o Deus de Israel, que só ele opera prodígios. Bendito para sempre o seu glorioso nome, e da sua glória se encha toda a terra. Amém e amém!" (vv.18,19). Além disso, cada um dos livros ou coletâneas de salmos termina com uma bênção similar — com os cinco últimos salmos servindo como bênção para o livro inteiro.

Embora a estrutura geral do livro seja fascinante, é a mensagem de cada salmo individual que fala ao nosso coração. Quer estejamos enfrentando lutas ou nos regozijando nas bênçãos de Deus, parece que sempre podemos encontrar um salmo que combine com o nosso estado de espírito. E é isso que faz do livro de Salmos um hinário para todas as ocasiões.

Este guia devocional *30 dias na terra de Salmos* o levará, por um mês, a uma jornada prolongada por Israel… e ao livro de Salmos. Nosso objetivo para cada dia é relacionar a terra de Israel com a mensagem de um salmo específico. Esperamos que você compreenda e aprecie essa jornada que faremos juntos.

Contudo, nosso objetivo final não é simplesmente ler a Palavra de Deus. Queremos que a Sua verdade vá da nossa mente até ao nosso coração. Como Tiago escreveu: "Não se enganem; não sejam apenas ouvintes dessa mensagem, mas a ponham em prática" (1:22 NTLH). Então, pegue sua Bíblia, amarre o cadarço das suas botas de caminhada e me siga rumo à terra de Israel para um encontro transformador com Davi e os salmistas!

DIA 1

Aquele que é bem-aventurado

Salmo 1

Todo o dia 1º de janeiro, desejamos "Feliz Ano Novo!" aos amigos e entes queridos. Porém, de que forma você gostaria de dar um passo adiante e, além de ter um ano feliz, usufruir de um novo ano *abençoado*? A diferença de palavras talvez seja sutil, mas a mudança em nossa vida pode ser profunda. Para ver o que essa mudança significa, precisamos ir para Israel a fim de visitar o autor do Salmo 1.

Aparentemente, o Salmo 1 *não* foi escrito por Davi. Em vez disso, ele serve como uma introdução a todo o livro de Salmos. Se os Salmos fossem um livro comum, chamaríamos o Salmo 1 de prefácio — a introdução que ajuda a explicar o conteúdo do livro. Não nos é dito quem redigiu o salmo, e essa falta de informação é irrelevante, pois sabemos que Deus é o Autor soberano.

O Salmo 1 nos ajuda a ver com mais clareza que há apenas dois caminhos que podemos escolher seguir na vida. Um deles conduz à prosperidade e à bênção; o outro ao julgamento e à destruição. E somos responsáveis por qual caminho escolhemos.

Em Israel, as estradas foram desenvolvidas ao longo do tempo seguindo os caminhos de menor resistência. Por tentativa e erro, as pessoas descobriram o caminho com o menor número de obstáculos ou pelo qual a distância a ser percorrida era menor. Isso não significa que você não possa tentar uma trilha diferente, mas, ao fazê-lo, é provável que enfrente mais dificuldades e sofrimento.

Talvez seja por esse motivo que o autor do Salmo 1 começa descrevendo os dois caminhos que estão disponíveis a cada pessoa que transita pela vida. Primeiro, ele anuncia aos seus leitores que a pessoa verdadeiramente bem-aventurada é aquela que escolhe *não* seguir o caminho que se opõe ao plano e ao propósito de Deus. "Bem-aventurado o homem que não anda no conselho dos ímpios, não se detém no caminho dos pecadores, nem se assenta na roda dos escarnecedores" (1:1).

Não deixe de ver a progressão. A pessoa que trilha o caminho errado começa a ouvir o conselho daqueles que não seguem a Deus. Depois, ela começa a agir como aqueles que trilham o mesmo caminho. E o destino final é uma vida que rejeita desdenhosamente tudo o que Deus afirma ser correto. Contudo, este caminho de rebeldia aparentemente se torna cada vez mais traiçoeiro. Encontramos esse peregrino caminhando... depois parado em pé... e finalmente se sentando ou interrompendo completamente sua jornada para tornar esse lugar de zombadores seu destino final. Ele pode não ter começado a jornada com este destino em mente, mas é para lá que o caminho escolhido o conduz.

Se esse é o caminho que leva à destruição, então qual é o caminho que conduz à bênção? O escritor nos dá a resposta no versículo 2. O caminho de bênção é o caminho que conduz à Palavra de Deus. A pessoa que investe o tempo com a Palavra de Deus, encontrando nela o seu prazer e meditando em tudo o que Deus diz, é a que descobre o caminho que conduz à bênção divina.

O autor então altera a metáfora ao se afastar dos dois caminhos que podemos escolher e centra-se nos dois diferentes destinos que alcançaremos. Ele usa imagens agrícolas para defender

Uma figueira vicejando à beira de um riacho

seu ponto de vista. Aqueles que optam por concentrar-se na Palavra de Deus e segui-la são semelhantes às árvores frutíferas de Israel, as quais são suficientemente afortunadas por serem "plantadas junto a corrente de águas" (1:3). Elas produzem os resultados apropriados na estação adequada e, quando chegam os tempos de calor e aridez, estão conectadas a uma fonte de nutrição que as sustém.

A descrição do salmista era impressionante por causa do número relativamente pequeno de correntes de água existentes em Israel. A maior parte das árvores frutíferas dos tempos bíblicos — tamareiras, figueiras, oliveiras ou romãzeiras — *não* eram plantadas próximo a correntes de água, pois tais correntes não fluíam pelas terras que a maioria dos agricultores possuíam. Qualquer agricultor que possuísse um riacho ou qualquer outra fonte de água era realmente afortunado! A água dessa fonte nutriria suas árvores durante os seis meses do ano em que não havia chuva para regar o solo.

Pare e olhe com atenção para a figueira. É início de outubro, e não chove há quase seis meses. Mesmo assim, esta árvore está vicejando. Eu até deixaria você provar um de seus figos, mas parece que outros visitantes já "colheram" todos os frutos que podiam ser alcançados! Enquanto grande parte da terra está marrom e ressequida, por que será que essa árvore está tão cheia de vida? O segredo é a corrente de água que flui continuamente próxima ao seu tronco.

O salmista se volta então para uma segunda imagem agrícola a fim de completar o triste contraste entre o justo e aqueles identificados especificamente como ímpios. Aqueles que escolhem o outro caminho não experimentarão os mesmos resultados. Ao invés de serem produtivos e nutridos, eles serão como a casca seca removida dos grãos de trigo. Eles não possuem qualquer substância que os mantenha firmes quando os ventos causticantes da vida sopram, nada há que os mantenha arraigados e nutridos. Assim como "palha que o vento dispersa" (v.4), eles têm pouquíssima substância ou valor para mantê-los firmes.

À medida que a comparação do autor se aproxima de uma conclusão, ele volta ao ponto de partida. A pessoa que opta pelo caminho dos perversos *não* permanecerá na assembleia dos justos na ocasião do julgamento de Deus. Trata-se do momento em que Deus separará eternamente o trigo da palha.

Em contraste, Deus afirma que Ele "conhece o caminho dos justos" (v.6). E o termo para *conhecer* contém a ideia de conhecimento pessoal, íntimo. A palavra é usada às vezes como eufemismo para relações sexuais entre um homem e uma mulher (Gn 4:1). Se você escolhe seguir o caminho de Deus, você não somente conhecerá o Senhor, mas também descobrirá que Ele o conhece de forma profunda e pessoal. Infelizmente, o outro caminho conduz apenas a mágoas, perda e destruição.

CAMINHANDO POR NOSSA TERRA

ENTÃO, QUAL É A LIÇÃO que devemos tirar ao começar esta jornada de 30 dias pelo livro de Salmos? Permita-me oferecer duas sugestões práticas, cada uma delas baseada nos dois caminhos que nos foram disponibilizados. Você quer descobrir a bênção de Deus na sua vida por meio deste estudo? Quer conhecer o Senhor de maneira profunda, pessoal e íntima? Então, decida agora mesmo começar a ler e a meditar em Sua Palavra todos os dias. Você descobrirá uma fonte viva de bênçãos que o sustentará e o alimentará durante qualquer eventualidade que possa acontecer em sua vida nas próximas semanas.

Porém, ao começar este estudo, o que acontecerá se você perceber que esteve trilhando pelo caminho errado da vida? A boa notícia é que nunca é tarde demais para voltar a Deus. O Salmo 103 diz: "...é grande a sua misericórdia para com os que o temem. Quanto dista o Oriente do Ocidente, assim afasta de nós as nossas transgressões. Como um pai se compadece de seus filhos, assim o SENHOR se compadece dos que o temem" (vv.11-13). Por que não fazer deste o momento para iniciar um relacionamento pessoal com Deus? Coloque sua confiança em Jesus como seu Salvador pessoal, seu Libertador dos pecados que o conduz ao Pai perdoador. Em seguida, encontre uma igreja que creia e ensine a Palavra de Deus — um lugar que você possa frequentar e onde possa aprender mais sobre este caminho para as bênçãos espirituais que Deus dispõe para você!

DIA 2

O que o justo pode fazer?
Salmo 11

Um dos meus lugares preferidos em Israel é o monte das Oliveiras, com sua vista abrangente de Jerusalém. Voltaremos a este lugar diversas vezes durante nosso tempo juntos nos salmos. Ao descermos do ônibus, tente me seguir pela multidão de pessoas — e de vendedores ambulantes! Não se distraia com os cartões postais, com os cartazes panorâmicos, marcadores de livros, com os xales de pashmina "genuína" ou com as ofertas para um passeio de camelo. Em vez disso, caminhe comigo rumo a um lugar onde possamos contemplar a cidade de Jerusalém. Agora, junte-se à multidão para afastar os vendedores ambulantes e ligue seus fones de ouvido para que possa ouvir minha voz mesmo em meio ao burburinho das pessoas.

Fiquemos em pé no cume do monte das Oliveiras, em frente de Jerusalém e da cúpula dourada do Domo da Rocha [N.E.: Mesquita mulçumana.], uma das construções mais icônicas do mundo. Porém, quero que você apague da mente todas as construções, todas as plataformas que as sustentam e tente vislumbrar esta cena como se estivesse no tempo de Davi. O Domo da Rocha está edificado sobre o monte Moriá. Nos dias de Davi, havia uma eira no topo deste monte. E Jerusalém, a cidade de Davi, não era a grande cidade que se contempla hoje.

Olhe para a esquerda. Você vê aquele minúsculo pedaço de terra fora dos muros da Cidade Antiga de Jerusalém hoje? Aquela é a cidade fortificada original de Jebus, o lugar que Davi se apossou e tornou sua capital.

Agora, imagine Davi lá de pé, fora dos muros da cidade, com um pequeno grupo de conselheiros. Quase não podemos ouvir

Vista de Jerusalém do monte das Oliveiras.

Um devocional sobre a Terra Santa

o que eles estão dizendo a essa distância. Portanto, vamos descer o monte das Oliveiras e atravessar o vale de Cedrom para nos juntarmos ao grupo. À medida que nos aproximamos, vemos os agitados conselheiros de Davi balançando os braços e apontando para o local onde estávamos.

"Sua majestade, o inimigo está se aproximando, vindo do Sul e do Oeste! Sua única esperança de escapar é fugir pelo monte das Oliveiras em direção ao deserto. Corra para a montanha enquanto há tempo para escapar!"

Chegamos num momento de pânico e indecisão. A vida de Davi está sendo ameaçada, e seus conselheiros apavorados veem apenas um curso de ação. Correr! Fugir! Procurar a segurança de algum esconderijo distante! Não nos dizem qual é a ameaça específica, mas é óbvio que se trata de um momento de medo e perigo... e incerteza. E, em meio a esses conselheiros

Vista do Domo da Rocha

aterrorizados, encontra-se Davi, totalmente *calmo*; ele está escrevendo num pedaço de pergaminho. Nossa curiosidade consegue extrair o melhor de nós; assim, caminhamos para ver o que ele está escrevendo. À medida que lemos suas palavras, reconhecemos o Salmo 11, um salmo de Davi.

O primeiro versículo reflete a resposta de Davi às palavras de pânico de seus conselheiros. "No SENHOR me refugio. Como dizeis, pois, à minha alma: Foge, como pássaro, para o teu monte?" Os conselheiros de Davi normalmente eram muito sábios e prudentes. O que os assustara tanto a ponto de quererem que Davi fugisse para salvar a vida? Nos dois versos seguintes, Davi repete as palavras de pânico de seus conselheiros. "Porque eis aí os ímpios, armam o arco, dispõem a sua flecha na corda, para, às ocultas, dispararem contra os retos de coração. Ora, destruídos os fundamentos, que poderá fazer o justo?" (vv.2,3).

As palavras deles estavam repletas de medo e advertência. Eles podem também ter dito: "Davi, os ímpios estão preparados para atacar sem aviso. A sua vida corre perigo mortal. Se eles o matarem, tomarão o reino. Sua única esperança é fugir agora!".

Porém, em vez de olhar por cima do ombro nervosamente, ou de ficar agitado igual aos seus conselheiros, Davi calmamente levanta os olhos para o céu. E começa a escrever enquanto fala com seus conselheiros, registrando as palavras assim que estas lhe saem da boca. "O SENHOR está no seu santo templo; nos céus tem o SENHOR seu trono; os seus olhos estão atentos, as suas pálpebras sondam os filhos dos homens" (v.4). O inimigo pode estar em algum lugar fora da cidade, mas Deus ainda está assentado calmamente em Seu trono no Céu — e nada pega o Deus do Céu de surpresa.

Davi lembra seus conselheiros que Deus sabe lidar tanto com o justo quanto com o ímpio. "O SENHOR põe à prova ao justo e ao ímpio" (v.5). A expressão traduzida como *põe à prova* transmite a ideia de examinar ou escrutinar. Deus não é apenas onipotente, assentado em Seu trono celestial. Davi relembra aos seus assustados conselheiros de que Deus também é onisciente. Ele pode examinar e escrutinar tudo o que se passa. Nada escapa ao Seu olhar!

Deus é onipotente e onisciente, mas Davi também encontra tranquilidade em meio ao caos ao lembrar-se de que Deus é justo e reto. Ele é o Deus que julgará o mal e recompensará o reto. "...mas, ao que ama a violência, a sua alma o abomina. Fará chover sobre os perversos brasas de fogo e enxofre, e vento abrasador será a parte do seu cálice. Porque o SENHOR é justo, ele ama a justiça; os retos lhe contemplarão a face" (vv.5-7). O salmista se recusa a entrar em pânico porque pode confiar no caráter de Deus, o justo juiz.

Os ímpios achavam que armariam uma cilada para Davi e o matariam. Porém, Davi sabe que, na realidade, eles cairão na armadilha armada por Deus. O Senhor derramaria sobre eles armadilhas como chuvas, ciladas que eles não poderiam ver nem esperar. Trocando de metáfora, Davi descreve Deus enviando sobre os ímpios o calor extremo de carvões em brasa e enxofre ardente, uma alusão à destruição repentina e completa que o Senhor trouxe sobre Sodoma e Gomorra.

De que forma Davi conseguia ter tanta confiança? Sua confiança estava no caráter absoluto de Deus. O Senhor é justo e reto. Com razão, nós o vemos como o Deus de amor. Mas Davi também o descreve como o Deus que "odeia" aqueles que seguem a violência e a maldade. A palavra traduzida como *odiar* contém a ideia de ser incapaz ou não ter vontade de tolerar algo a ponto de ser inimigo. Deus tem grande afeição por aqueles que confiam nele e que buscam segui-lo, mas violentamente se oporá àqueles que se rebelam contra Seus caminhos e buscam prejudicar os Seus seguidores. Davi permaneceu calmo em meio ao caos porque compreendia o caráter essencial do Deus a quem servia.

Um devocional sobre a Terra Santa

CAMINHANDO POR NOSSA TERRA

ENQUANTO COMEÇAMOS nossa subida de volta ao monte das Oliveiras, que lição podemos extrair das palavras confiantes e calmas de Davi no Salmo 11? Talvez, possamos começar analisando os paralelos entre a nossa própria época e os problemas que Davi enfrentava. Estamos abalados e consternados pelos acontecimentos mundiais, nos quais os ímpios parecem tratar sem consideração aqueles que não podem detê-los. Vemos líderes maus crescendo em poder e influência enquanto os que tentam defender os padrões de certo e errado ditados por Deus são ridicularizados e marginalizados. É o suficiente para nos fazer desejar voar como um pássaro para algum esconderijo numa montanha!

Mas não ceda ao pânico ou ao medo! Em vez disso, lembre-se das três verdades sobre Deus, extraídas do Salmo 11, que mantiveram o salmista firme mesmo em tempos instáveis. Deus ainda está em Seu trono. Ele é *onipotente*; tem todo poder. Deus também vê todas as coisas que ocorrem no mundo. Ele é *onisciente*; sabe de tudo. E Deus ainda é o *justo juiz* que, a Seu tempo, julgará os ímpios e demonstrará Seu amor e Suas bênçãos aos justos. Ele é justo. Conte com isso!

DIA 3

Deus é minha Massada

Salmo 18

Massada é uma fortaleza construída por Herodes, o Grande, no deserto. Forte. Imponente. Um palácio aparentemente impenetrável edificado sobre uma planície montanhosa de 360 metros, ele se eleva sobre o mar Morto, com penhascos de ambos os lados. E, como se os penhascos não oferecessem proteção suficiente, Herodes rodeou a cidadela com muralhas e a abasteceu com armas e suprimentos que ele achava serem suficientes para repelir todos os ataques.

Massada era o símbolo da segurança de Herodes, o refúgio ao qual recorrer em última instância para dissipar todos os seus medos. E ele tinha muito a temer! Josefo, o antigo historiador hebreu, descreveu sua obsessão por Massada deste jeito: "Herodes mobiliou esta fortaleza como um refúgio contra dois tipos de perigo: por um lado, o risco de ser deposto pelo povo judeu, que poderia recolocar sua antiga dinastia no poder. Mas a ameaça maior e mais séria vinha de Cleópatra, rainha do Egito. Ela nunca escondera suas intenções, mas constantemente implorava que Antônio matasse Herodes para ela assumir o trono da Judeia".

O medo constante de uma revolta por parte daqueles sobre os quais reinava; as ameaças de Cleópatra do Egito, unidas à percepção da influência que ela exercia sobre Roma, deveriam deixar Herodes com o sono leve, pois esses eram riscos graves. Não é de se admirar que ele fosse obcecado por fazer de Massada o palácio mais seguro do Oriente Médio. Esta era sua fortaleza apocalíptica.

Herodes colocou sua confiança em Massada. Ela se tornou a sua esperança de proteção, sua apólice de seguro por sobrevivência caso ele viesse a perder o poder. Ele não deu este nome ao local; mas em hebraico, Massada, *metsudah*, significa "fortaleza" ou "forte". E o nome certamente combinava com a confiança que Herodes depositava nesse lugar. Era o local mais forte, defensável e seguro de toda a nação.

Menos de 80 anos após a morte de Herodes, a invencibilidade de Massada foi colocada à prova. E, infelizmente, seus últimos defensores descobriram que qualquer forte edificado por mãos humanas pode eventualmente ser conquistado. Massada foi tomada pelo exército romano no ano 73 d.C., colocando um ponto final à primeira revolta judaica contra Roma. Massada foi a última fortaleza na Judeia a cair… mas *caiu*. Hoje em dia, os turistas podem subir à planície elevada seguindo o original "Caminho da Serpente" do lado que dá para o mar Morto ou subindo uma trilha paralela ao declive para o cerco romano a oeste. Mas a forma mais fácil de chegar ao topo é por um teleférico que leva os passageiros do Centro de Visitantes até próximo do topo em apenas três minutos.

Herodes é aquele que transformou o local numa fortaleza apocalíptica, ao passo que o ataque romano — e o suicídio em massa de seus defensores judeus — contribuiu para tornar o lugar conhecido. Ainda assim, Herodes não foi o primeiro a perceber a vantagem estratégica de Massada. Na realidade, Davi passou pelo cume desta planície 1000 anos antes de Herodes. E o nome dado a este platô rochoso — *metsudah*, o forte — precedeu até mesmo o salmista.

Olhando para cima em direção à fortaleza de Massada

Em 1 Samuel 22, temos um vislumbre do jovem Davi como fugitivo do rei Saul. Ele é um homem em fuga, perseguido por um rei invejoso inclinado a matar qualquer um que considerasse um rival em potencial ao trono. Depois de se esconder na caverna de Adulão, a oeste das montanhas de Judá, Davi e seu grupo de seguidores foram a Belém para resgatar os pais de Davi e levá-los à segurança de Moabe, do lado oriental do mar Morto. Por que Moabe? Talvez, porque fosse a terra natal da avó de Davi, Rute, a moabita. Davi esperava que sua família ficasse segura sob os cuidados de parentes distantes e fora do alcance das garras do rei Saul.

Ao atravessar o mar Morto, retornando de Moabe, Davi procurou um esconderijo no deserto da Judeia, um lugar onde pudesse estar a salvo de um ataque. Talvez, até mesmo um lugar com uma vista extraordinária de todas as direções, uma vista que não permitisse que Saul se esgueirasse sem ser percebido. Para onde ele foi então? A passagem de 1 Samuel 22:4 diz que Davi foi para "este lugar seguro". A palavra hebraica é *metsudah*, Massada. Evidentemente, era o nome deste platô na época do salmista.

Da perspectiva humana, Massada parecia o esconderijo perfeito. Contudo, não é o local onde Deus desejava que Davi estivesse. O profeta Gade recebeu a seguinte mensagem de Deus. "Não fiques neste lugar seguro; vai e entra na terra de Judá" (1 Sm 22:5). Davi obedeceu a Deus e desceu de Massada. Porém, apenas alguns capítulos depois, vemos que ele retornou para lá.

O encontro final de Davi com Saul ocorreu em En-Gedi, nos penhascos das cabras selvagens, a apenas 16 km do norte de Massada. Depois do encontro, Saul e seu exército foram para noroeste, em direção à capital de Saul em Gibeá. Com qual intensidade Davi confiou na promessa de Saul de não feri-lo? Assim que Saul virou-se e marchou rumo ao norte, Davi se dirigiu ao sul. A passagem de 1 Samuel 24:22 descreve isso da seguinte maneira: "Então, jurou Davi a Saul, e este se foi para sua casa; porém Davi e os seus homens subiram ao lugar seguro". Davi foi para *metsudah*, Massada. Este era um lugar excelente de onde ele poderia ver se Saul "mudaria de ideia" e voltaria para tentar capturá-lo desprevenido. Da extremidade norte de Massada, Davi tinha uma vista excelente de todo o caminho até En-Gedi.

À primeira vista, poderíamos nem nos surpreender com o fato de que tanto Davi quando Herodes tenham descoberto as vantagens estratégicas de um lugar como Massada. Ambos enfrentaram ameaças militares durante a vida e vieram a apreciar a importância de uma forte posição defensiva. Mas as similaridades param por aí. Herodes confiava em sua força militar, incluindo fortalezas como Massada. Ele não viveu o bastante para aprender que mesmo esta fortaleza falharia.

Diferentemente de Herodes, Davi confiava na proteção de Deus. Como sabemos disto? Davi escreveu o Salmo 18 para celebrar a proteção prometida por Deus: "no dia em que o SENHOR o livrou de todos os seus inimigos e das mãos de Saul". Davi começou com uma declaração resumida da grande proteção de Deus. "O SENHOR é a minha rocha, a minha fortaleza e o meu libertador. O meu Deus é uma rocha em que me escondo. Ele me protege como um escudo; ele é o meu abrigo e com ele estou seguro" (18:2 NTLH). E adivinhe qual a palavra que Davi usou para *fortaleza*? Exatamente! A palavra *metsudah*, Massada.

No Salmo 31, Davi faz uma declaração parecida. Ele não nos diz o pano de fundo específico do salmo, mas evidentemente foi escrito durante um momento de grande dificuldade no qual os amigos de Davi o abandonaram. Ele implora para Deus ser um "castelo forte, cidadela fortíssima que me salve" (31:2). No versículo seguinte, o salmista afirma com confiança: "Porque tu és a minha rocha e a minha fortaleza". Diferentemente de Herodes, Davi não dependia de uma fortaleza apocalíptica quando enfrentava tempos de tribulação. Sua *metsudah*, sua fortaleza, era o Deus vivo!

Um devocional sobre a Terra Santa

CAMINHANDO POR NOSSA TERRA

COMO DAVI E COMO HERODES, todos nós passamos por momentos em que nos sentimos ameaçados por circunstâncias que fogem ao nosso controle. Quando surgem esses tempos difíceis, qual é a sua fortaleza? Onde enfim você busca ajuda? Herodes a buscava em Massada e via uma fortaleza física que parecida segura, quase impenetrável. Porém, a história por fim provou que ele estava errado. Davi passou algum tempo na mesma planície e chegou a uma conclusão radicalmente diferente. Davi descobriu que sua proteção não estava em *metsudah*, mas na Rocha Eterna, a fortaleza viva, o Deus Altíssimo.

Quer você vá a Israel e visite Massada, quer simplesmente recorra à fotografias, aproveite o momento para olhar para o topo — e perceba o quão maior é o Deus do Universo.

Finalmente, abra o Salmo 18 e foque na verdadeira *metsudah*. "O SENHOR é a minha rocha, a minha cidadela, o meu libertador […] Invoco o SENHOR, digno de ser louvado, e serei salvo dos meus inimigos" (vv.2,3).

DIA 4

Enfrentando o futuro com confiança
Salmo 20

A maioria de nós encara o futuro com uma mistura de expectativa e ansiedade. Não importa a idade que tenhamos ou a fase de vida em que estejamos; muitos de nós nos encontramos pensando no que há além do horizonte. Será que os próximos meses e anos trarão saúde e alegria… ou problemas?

Na canção assombrosa do casamento do musical da Broadway *Um Violinista no Telhado*, "Sunrise, Sunset", Tevye e a esposa se maravilham com a velocidade com que o tempo passou e com a maneira como cada estação chega "carregada de felicidade e lágrimas". É praticamente certo que você terá sua própria cota de felicidade e lágrimas nos próximos meses. E é por isso que o Salmo 20 é tão estratégico. Ele pode nos ajudar a enfrentar o futuro com tranquilidade e confiança.

Quando você lê este salmo pela primeira vez, é possível que se sinta confuso ao notar que ele enfatiza uma batalha iminente. Mas é a incerteza do que o futuro reserva que é o fio comum que faz este salmo, e oração, serem tão aplicáveis à nossa vida hoje.

O salmo começa no versículo 1 com o povo orando por seu rei, que está prestes a liderá-los na batalha. "O SENHOR te responda no dia da tribulação; o nome do Deus de Jacó te eleve em segurança." Da perspectiva humana, o futuro *é* incerto. Batalhas podem ser vencidas ou perdidas por causa de acontecimentos que estão além do que o líder mais capaz pode controlar. Mas nada foge ao controle de Deus; por isso, o povo ora e pede ao Senhor para *responder e elevar em segurança* o seu rei na batalha.

Reconhecer que Deus é o único no controle é a chave para esta oração por um futuro incerto. Falando ao rei, o povo pede que Deus "Conceda-te segundo o teu coração e realize todos os teus desígnios" (v.4). Podemos fazer planos, mas é Deus quem pode concretizá-los… ou arruiná-los. É crucial que reconheçamos a necessidade da ajuda e da intervenção divina.

O versículo 6 é uma resposta a esta oração. O salmo passa de "nós" para "eu", do coletivo para o individual. Alguns acreditam que seja o sacerdote respondendo ao grupo. Acho que poderia ser a resposta do próprio rei Davi. Em qualquer caso, a pessoa, depois de ouvir as orações sinceras do povo, responde com confiança. "Agora, sei que o SENHOR salva o seu ungido; ele lhe responderá do seu santo céu com a vitoriosa força de sua destra."

A oração no versículo 1 era para que Deus ouvisse e protegesse. No versículo 6, o líder afirma a sua confiança na capacidade de Deus de fazer exatamente isso. Invertendo a ordem, ele diz saber que Deus *salva*, ou livra, Seu ungido e *responderá* do Céu.

Contudo, como o povo, ou o líder, pode ter tal confiança? Afinal de contas, o futuro ainda é o futuro! Ainda não aconteceu. O que pode lhes trazer tanta confiança com relação aos acontecimentos que ainda estão além do horizonte? A resposta está no versículo 7. "Uns confiam em carros, outros, em cavalos; nós, porém, nos gloriaremos em o nome do SENHOR, nosso Deus." Este versículo é muito interessante em hebraico. Ele diz literalmente: "Não de carros nem de cavalos, mas do nome do SENHOR, o nosso Deus, nós nos lembraremos".

O termo traduzido como *gloriaremos* é a palavra hebraica para "lembrar-se", *zachar*. A forma particular desta palavra transmite

Um tanque israelense, o equivalente hoje a um carro de guerra, nas colinas de Golan

a ideia de aludir, lembrar ou fazer alguém lembrar. Não se trata de gabar-se de algo, mas de lembrar ao povo o que eles têm. Vangloriar-se sugere arrogância, e não vejo arrogância alguma no que está sendo dito aqui. Quando surgem os problemas, algumas pessoas gostam de olhar ao redor e ver o que elas têm que possa cuidar delas. Algumas recorrem aos seus recursos materiais, carros e cavalos por exemplo. Mas, quando olhamos ao redor, podemos lembrar as pessoas de que temos ao nosso lado Aquele que guarda a aliança, o Deus do Universo!

Depois de lembrar aos ouvintes das diferentes fontes de força das quais dependem os dois lados, o líder então compartilha os resultados de depender de cada uma delas. O que acontece com aqueles que colocam a confiança em carros e cavalos? "Eles se encurvam e caem" (v.8). Davi poderia ter em mente Juízes 4, trecho em que Israel enfrentou um exército que tinha 900 carros de ferro. Rumo à batalha, era como se aqueles que estavam nos cavalos e nos carros de ferro tivessem uma vantagem insuperável. Porém, Deus enviou um aguaceiro assim que a batalha começou — e todos os carros de guerra ficaram encalhados na lama! Foi então que as tropas sob o domínio de Baraque desceram do monte Tabor para conquistar a vitória decisiva!

Aqueles que confiam meramente na capacidade humana se encurvam e caem, mas aqueles que se lembram — e dependem — de Deus se levantam e se mantêm de pé (v.8). O nome do profeta Zacarias vem da mesma palavra hebraica, *zachar*. Seu nome significa "O Senhor se lembra". E ele enfatiza essencialmente a mesma verdade em sua mensagem aos governantes de Judá de sua época. "Não por força nem por poder, mas pelo meu Espírito, diz o SENHOR dos Exércitos" (Zc 4:6). Deus completaria o que Ele prometera fazer independentemente de quão forte a oposição ou os obstáculos, pudessem parecer.

O salmista termina sua oração repetindo o mesmo pedido que ele tinha desde o início. "Ó SENHOR, dá vitória ao rei; responde-nos, quando clamarmos" (v.9). Deus está no controle, mas ainda precisamos invocá-lo em oração e clamar por ajuda. A identidade do "rei" mencionada neste versículos é incerta. Alguns acreditam que seja uma referência a Davi, e traduzem o versículo como um pedido do povo para que o Senhor poupe o rei Davi. Mas também é possível que o rei que eles têm em mente seja o próprio Deus (logo, o R maiúsculo de "rei" na versão ARC). Quando eles clamam: "ouça-nos o Rei quando clamarmos", eles poderiam estar clamando a Deus, que é o Rei soberano. Gosto dessa perspectiva, porque parece encaixar-se melhor no salmo. Davi está reconhecendo que até o rei humano precisa confiar no Rei dos reis ao olhar em direção ao futuro.

CAMINHANDO POR NOSSA TERRA

ENTÃO, O QUE DESCOBRIMOS, no Salmo 20, que pode nos ajudar a enfrentar o nosso próprio futuro? Que tal: não sabemos o que há além do horizonte, mas Deus sabe? É muito fácil depender das coisas que vemos, tocamos e sentimos (como os carros e cavalos da época de Davi ou a nossa conta bancária nos dias de hoje). Porém, ao orarmos pela direção de Deus em meio às águas desconhecidas do amanhã, a verdade mais importante que precisamos relembrar, e e confiar quase a ponto de nos gabar, é de que *Deus* é o único no comando. Ele sabe o que virá pela frente e é Aquele que pode nos ajudar em nossos momentos incertos.

Lembre-se apenas de que: "Uns confiam em carros, outros, em cavalos; nós, porém, nos gloriaremos em o nome do SENHOR, nosso Deus" (v.7). Somente isso já é uma ótima resolução de Ano Novo para o dia 1º de janeiro — ou qualquer outro dia do ano!

DIA 5

Desamparado por Deus

Salmo 22

Hoje, vamos visitar três lugares rapidamente. Peço que preste muita atenção, porque haverá um teste ao final do nosso passeio. Nossa primeira parada é nas Colinas de Golan, no extremo norte de Israel. Leve um casaco, porque a temperatura pode ser um pouco baixa. Dependendo da época do ano, você pode precisar levar um guarda-chuva também. Mas, de pé ao meu lado na margem dessa extinta cratera vulcânica, acho que você pode entender a razão pela qual quis trazê-lo até aqui. O monte Hermom, o pico mais alto de Israel, eleva-se ao norte com toda a sua glória coberta de neve. Por todos os lados, somos rodeados por campos de um profundo tom verde e pontilhados com flores roxas, vermelhas e amarelas. Em nosso caminho rumo ao topo, vemos rebanhos de gado de grande porte bem alimentados pastando na exuberante grama verde.

Sei que você gostaria de ficar por aqui, mas precisamos correr para a próxima parada, a chamada Cidadela de Davi, em Jerusalém. Da torre da cidadela, temos uma vista pitoresca da Antiga Cidade. Lá está o Domo da Rocha, com sua cúpula dourada, com o monte das Oliveiras bem atrás dele. As construções de calcário branco cintilam ao sol, e sentimos a energia vibrante desta cidade incrível. Do lugar onde estamos, vemos mais carros do que vacas, mas os espaços abertos que vemos ainda são verdes. Bem, agora, apresse-se para descer os degraus, porque precisamos chegar à nossa última parada antes que o sol se ponha no horizonte.

Chegamos a tempo! Peço desculpas pela subida íngreme da colina cheia de pedras. Tome cuidado por onde caminha. Aquele

À esquerda: Um touro solitário pastando num declive das Colinas de Golan. *No meio*: O Domo da Rocha e o monte das Oliveiras vistos da Cidadela de Davi. *À direita*: Uma ravina profunda entalhada no deserto da Judeia.

precipício à sua frente tem centenas de metros de altura antes de chegar ao vale. As colinas estão assumindo um tom marrom-dourado à medida que o sol se põe no horizonte a oeste, enfatizando os esboços de todos os cânions escarpados na rocha árida. A única coisa que está faltando nesta vista é o verde. Nada de plantas. Nada de pastagens. Nada de flores. Apenas rochas empoeiradas e areia.

Tudo bem; agora é a hora do teste. Dos três lugares que visitamos, qual deles você descreve como "desamparado por Deus"? A, B ou C? Tenho a sensação de que você escolheu a letra C. Porém, com base no Salmo 22, você errou! A resposta é A ou B! Estou achando que você está confuso; então, vamos consultar o que Davi escreveu neste salmo de sofrimento pessoal.

No Salmo 22, Davi clama a Deus por livramento. E suas palavras introdutórias estão entre as mais tristes de toda a Bíblia. "Deus meu, Deus meu, por que me desamparaste?" Falamos sobre um *lugar* desamparado por Deus, mas Davi aplica tais palavras a uma *pessoa*. Historicamente, ele está se descrevendo, mas Deus o fez escrever estas palavras de uma maneira que indicassem acontecimentos proféticos associados à vida de Jesus. Na realidade, são as próprias palavras que Jesus clamou durante Sua crucificação.

Os paralelos entre Davi e Jesus ecoam por todo o salmo. Ambos se achavam "opróbrio dos homens e desprezado do povo" (v.6). E talvez, na cena mais dramática de todas, Davi anunciou que os seus inimigos "traspassaram-[lhe] as mãos e os pés" (v. 16). O que Davi sentiu simbolicamente, Jesus de fato experimentou. A morte de Davi era tão certa que seus inimigos já estavam tramando dividir suas posses como despojos da vitória. "Repartem entre si as minhas vestes e sobre a minha túnica deitam sortes" (v.18). E é claro que isso se cumpriu literalmente pelas mãos dos soldados romanos que supervisionaram a crucificação de Jesus.

Todavia, o que tudo isso tem a ver com as Colinas de Golan, com Jerusalém ou com o deserto? Na verdade, bastante coisa! Primeiro, Jerusalém foi o lugar onde o Ungido de Deus foi desamparado. E em segundo, Davi descreveu seus inimigos como "fortes touros de Basã" (v.12). No Antigo Testamento, o nome Basã é dado à área que hoje chamamos de Colinas de Golan. Apreciamos a beleza de Jerusalém e das Colinas de Golan, mas para Davi — pelo menos neste salmo —, elas representam lugares associados aos seus perseguidores.

Em contraste, o deserto foi o local onde Davi e Jesus encontraram proteção e livramento. No deserto, Deus libertou Davi de Saul e fortaleceu Jesus após Seu encontro com Satanás no deserto.

Tudo isso nos leva de volta ao Salmo 22. Lembre-se de que o salmo identifica uma pessoa, não um lugar, como alguém desamparado por Deus. Com relação ao abandono, Jesus sentiu cruz a concretização final do clamor sincero de Davi. Mas como Jesus poderia ser desamparado por Deus? O apóstolo Paulo fornece a resposta em 2 Coríntios: "Aquele que não conheceu pecado [Deus], ele o fez pecado por nós; para que, nele, fôssemos feitos justiça de Deus" (5:21). Pendurado na cruz, Jesus tornou-se *nossa* oferta pelos pecados. Ele sofreu o castigo que com razão pertencia a nós.

Mas o Salmo 22 termina em triunfo, não em desespero. Davi comparou seus inimigos com touros (v.12), leões (v.13), cães (v.16) e com "uma súcia de malfeitores" que lhe transpassaram os pés e as mãos (v.16). Depois, porém, na típica maneira hebraica de inverter a ordem, ele clamou a Deus: "Livra a minha alma da *espada*, e, das presas do *cão*, a minha vida. Salva-me das fauces do *leão* e dos chifres dos *búfalos*; sim, tu me respondes" (vv.20,21 ênfase adicionada).

Quando Davi começou esta sincera oração, ele se sentia desamparado por Deus e oprimido por seus inimigos. Porém, seu tempo em oração lhe trouxe uma nova perspectiva. "Pois não desprezou, nem abominou a dor do aflito, nem ocultou dele o rosto, mas o ouviu, quando lhe gritou por socorro" (v.24). Pela oração, Davi foi capaz de olhar além dos problemas imediatos e de focar na solução prometida por Deus — uma solução que também se estenderia às futuras gerações (v.30).

CAMINHANDO POR NOSSA TERRA

QUE PROBLEMAS VOCÊ ESTÁ enfrentando hoje? Você está tão sobrecarregado a ponto de sentir como se Deus o houvesse desamparado? Caso a resposta seja afirmativa, leia novamente o Salmo 22... e lembre-se de que você não está sozinho. O rei Davi se sentiu da mesma forma. Diminua o ritmo da leitura ao chegar ao versículo 19. Leia o *clamor* sincero de Davi nos versículos 19-21 e então se concentre na *confiança* do salmista nos versículos 22-31.

Detenha-se nos dois últimos versículos. Davi anunciou que as futuras gerações "hão de vir anunciar a justiça dele; ao povo que há de nascer, contarão que foi ele quem o fez". Essas pessoas que ainda estão para nascer incluem você! Davi queria que *você* soubesse que Deus não o desamparou. Ele *virá* ajudá-lo assim como o fez pelo salmista — e por Jesus!

DIA 6

O Bom Pastor

Salmo 23:1-4

Vamos aproveitar os dois próximos dias para apreciar aquele que talvez seja o salmo mais conhecido de todos, o encorajador Salmo 23. Muitos podem recitá-lo, mas poucos realmente o compreendem. Então, vamos começar a caminhada ao interior do deserto da Judeia — e depois voltar à corte real — a fim de analisar este clássico salmo de confiança com um olhar renovado. Para a jornada de hoje, certifique-se de usar calçados apropriados e amarrar bem os cadarços. Não se esqueça de verificar se o seu cantil está cheio… e então me siga ao deserto!

Em Israel, uma das minhas maiores aventuras aconteceu durante um dia inteiro de caminhada pelo deserto da Judeia.

Com aproximadamente uma hora de viagem, contornamos uma curva no desfiladeiro e passamos por uma pastora que supervisionava um pequeno rebanho de cabras. Ela tinha se posicionado de forma que pudesse ficar de olho no rebanho que pastava entre algumas moitas marrons de pasto seco e arbustos espinhosos naquele vale desolado.

Aquela jovem pastora me lembrou de Davi supervisionando seu rebanho naquela mesma região 3.000 anos antes. Antes de assumir a posição proeminente de rei de Israel, antes de vencer Golias, antes de aparecer como músico na corte do rei Saul — antes de tudo isso, o trabalho de Davi consistia em supervisionar o rebanho de seu pai no deserto. Foi *ali* que ele se tornou habilidoso em usar a funda, e foi provavelmente lá que ele aperfeiçoou suas habilidades musicais e compôs cânticos que posteriormente chegaram ao livro de Salmos.

Não temos certeza sobre quando Davi escreveu o Salmo 23, mas os primeiros quatro versículos remontam à sua época como pastor de ovelhas. É possível quase ouvir o balido do rebanho ao fundo quando Davi nos leva para o deserto para compartilhar lições que aprendeu sobre Deus durante este tempo de solitude.

"O SENHOR é o meu pastor; nada me faltará." A palavra traduzida como *pastor* vem da raiz hebraica que significa "olhar" ou "tomar conta". Um pastor "tomava conta" do rebanho sob seus cuidados. Davi começou este salmo afirmando que Deus era o Pastor que tomava conta dele. Tendo Deus como pastor, nada faltava ao rebanho.

Um devocional sobre a Terra Santa

Quando criança, lembro-me de me sentir confuso na ocasião em que memorizava o Salmo 23: "O SENHOR é o meu pastor; nada me faltará" (v.1). *Mas por que eu quereria que Deus fosse o meu pastor*, pensava. Mais tarde, vim a perceber que a palavra *faltará* realmente significava "estar em necessidade". O papel do pastor era ter certeza de que o rebanho tinha água e pastagens suficientes. Uma vez que *Deus* é aquele que toma conta de mim, posso confiar que Ele suprirá as minhas necessidades.

Davi ilustrou sua declaração introdutória com duas metáforas que remontam ao tempo em que ele tomava conta do rebanho. De que maneira um pastor provê o sustento do rebanho? Primeiro, "Ele me faz repousar em pastos verdejantes" (v.2). A palavra traduzida como "verdejantes" se refere à grama nova, o tipo que germina quando chega a chuva de inverno. É tenra, ricamente úmida e suculenta, o alimento mais benéfico para o rebanho.

À esquerda: Uma pastora tomando conta do seu rebanho de cabras no deserto. *À direita*: Um rebanho de ovelhas em pastos verdejantes.

Sua segunda metáfora vem das fontes de água salpicadas pelo deserto. "Leva-me para junto das águas de descanso" (v.2). Havia — e ainda há — relativamente poucas fontes no deserto, e o pastor sábio era quem conhecia a localização dessas nascentes. Podíamos confiar que ele levaria suas ovelhas até essas fontes de água. Pensamos em "águas paradas" como lagos com pouco movimento das águas, mas não é isso exatamente o que diz Davi. Não se trata de "águas paradas", mas de "águas de descanso". Davi está descrevendo essas águas como tranquilas, calmas e revigorantes. Ali, o rebanho pode beber em segurança, sem medo dos animais selvagens que possam estar à espreita nos arredores, graças ao olhar vigilante do pastor.

O que acontece quando o bom pastor conduz o rebanho para colinas cobertas de brotos macios e para fontes de águas tranquilas? Ele "refrigera-me a alma" (v.3). O rebanho está *nutrido* e *revigorado*. As ovelhas famintas estão satisfeitas, e as sedentas são reanimadas.

Davi acrescenta então: "Guia-me pelas veredas da justiça por amor do seu nome" (v.3). Os caminhos de Deus são bons, porque o próprio Deus é bom. Embora possamos não entender tudo o que acontece em nossa vida, podemos ter a confiança de que o caminho específico pelo qual Ele nos conduz é o caminho correto, porque é o "nome" de Deus — Sua própria reputação — que está em jogo.

O bom pastor alimenta e sustenta o rebanho sob seus cuidados. No entanto, o seu papel envolve mais do que apenas cuidar das necessidades *físicas* do rebanho. Ele também o protege do perigo. "Ainda que eu ande pelo vale da sombra da morte, não temerei mal nenhum, porque tu estás comigo" (v.4). Mas o que é o "vale da sombra da morte"?

Existem duas palavras em hebraico que descrevem os vales. Uma evoca um vale amplo e vasto; a outra, um vale estreito e íngreme. Aqui, Davi usou a palavra que se refere ao vale estreito, a qual descreve perfeitamente os desfiladeiros profundos que cortavam o deserto da Judeia. A expressão "sombra da morte" é na verdade uma única palavra hebraica que ocorre 13 vezes no Antigo Testamento. Jeremias a usou para descrever o deserto do Sinai como "uma terra de sequidão e *sombra de morte*" (Jr 2:6 ênfase adicionada). E no livro de Jó foi usada quatro vezes para caracterizar o lugar dos mortos. Mas o que Davi está descrevendo?

Creio que Davi tenha usado o profundo vale da escuridão para representar os perigos da vida. Quando a noite caía, as sombras rastejavam pelos vales profundos do deserto da Judeia. A escuridão escondia uma grande quantidade de perigos do rebanho descuidado. Os animais selvagens saíam das tocas para vagar em busca de presas inocentes. A própria morte parecia espreitar nas sombras. Contudo, quando o rebanho estava sob os cuidados do Bom Pastor, não havia necessidade de temer; "o teu bordão e o teu cajado me consolam" (v.4). O pastor montava guarda com o seu bordão e seu forte cajado. Estas eram as armas que ele tinha à mão para afugentar qualquer animal que ameaçasse o seu rebanho. Sua presença, e a prometida proteção, forneciam "consolo" num momento em que, de outra forma, seria um momento de ansiedade e inquietação.

CAMINHANDO POR NOSSA TERRA

NOSSO TEMPO NO DESERTO está quase no fim. Mas o que podemos levar conosco da visita que fizemos a Davi hoje? Permita-me sugerir duas verdades permanentes. Primeira: Deus é o nosso Bom Pastor e prometeu suprir as nossas necessidades — levar-nos aos pastos de grama macia e conduzir-nos até as águas tranquilas. Isso não significa que a nossa vida será isenta de problemas. Não é garantia de prosperidade ininterrupta. Mas *é* uma promessa de que Deus proverá "graça para socorro em ocasião oportuna" (Hb 4:16). Ou, como Paulo disse: "E o meu Deus, segundo a sua riqueza em glória, há de suprir, em Cristo Jesus, cada uma de vossas necessidades" (Fp 4:19). Mas como podemos ter certeza de que Ele o fará? Porque o Seu nome — Sua reputação — está em jogo.

Segunda: Como nosso Bom Pastor, Deus também prometeu proteger-nos do perigo. Davi não nos diz que jamais enfrentaremos o perigo. Haverá momentos em que nossa jornada nos *fará* passar pelos vales sombrios e profundos da vida. Entretanto, durante esses momentos de provação, podemos descansar, sabendo que o nosso Deus está andando *conosco* e *cuidando de nós*. Jamais enfrentaremos tais ameaças sozinhos.

Amanhã, continuaremos nosso estudo sobre este salmo maravilhoso. Mas, até lá, não se esqueça de que Deus prometeu ser o *seu* Bom Pastor — se você for uma de *Suas* ovelhas!

DIA 7

A graça soberana

Salmo 23:5,6

Ontem, começamos o estudo do Salmo 23 dividido em duas partes. Os primeiros quatro versículos nos levaram para o deserto da Judeia para observarmos o nosso Pastor celestial através dos olhos do Seu rebanho terreno. Algumas pessoas acreditam que todo o salmo descreve o Bom Pastor, mas acredito que Davi tenha, de fato, captado uma imagem diferente de Deus nos dois versículos finais. Os rebanhos e o deserto desaparecem, e o pano de fundo deste retrato passa a ser a corte real. A mensagem geral de confiança permanece a mesma, mas a maneira como Davi a ilustra é modificada.

Prepare-se, portanto, para a jornada de hoje, coloque de lado suas botas e seu bastão de caminhada — e se vista de forma mais elegante. Estamos prestes a entrar no salão de festas do palácio! Ontem, vimos Deus como o pastor gentil e cuidadoso. Mas começando no versículo 5, Davi retrata Deus como o gracioso anfitrião real.

Davi começa com um ousado anúncio: "Preparas-me uma mesa na presença dos meus adversários" (23:5). No início, a metáfora de Davi parece um tanto confusa. Por exemplo, se me preparo para oferecer-lhe um jantar, mas o restaurante que eu escolher ficar numa parte ruim da cidade — repleta de criminosos, bandidos e assassinos cruéis —, você pode não se empolgar com o meu convite! Por que eu desejaria comer na presença dos meus inimigos?

Algumas pessoas acreditam que Davi ainda esteja usando a imagem do pastor. Veem a "mesa" como uma referência aos pastos que recobrem a encosta — uma encosta à vista dos predadores que espreitavam por perto. E acreditam que essa ideia seja sustentada pelo Salmo 78:19, versículo no qual Israel questiona a provisão de Deus durante o êxodo, perguntando: "Pode, acaso, Deus preparar-nos mesa no deserto?". Embora o versículo 19 use a metáfora da mesa, o salmista *não* descreve Deus como um pastor naquela parte do Salmo 78. Apenas bem depois, no versículo 52, ele retrata o Senhor como um pastor. "Fez sair o seu povo como ovelhas e o guiou pelo deserto, como um rebanho." Seria possível então que esta seja uma interpretação melhor dos últimos versículos do Salmo 23?

Enquanto procuram algum acontecimento da vida de Davi que possa explicar a metáfora, algumas pessoas veem um paralelo com 2 Samuel 17. Neste trecho da Palavra, quando Davi fugia de Absalão, seus amigos levaram "camas, bacias e vasilhas de barro, trigo, cevada, farinha, grãos torrados, favas e lentilhas; também mel, coalhada, ovelhas e queijos de gado e os trouxeram a Davi e ao povo que com ele estava, para comerem" (vv.28,29). Eles proveram as necessidades de Davi num momento de necessidade. Apesar disso, outros detalhes sobre esse acontecimento da vida de Davi não parecem encaixar-se com a imagem que o salmista esboça no Salmo 23.

Nesse caso, o que Davi tinha em mente? Creio que, começando no versículo 6, Davi passe para outra metáfora. Ele nos tirou do deserto e nos levou para o palácio. Agora, ele se retrata como um convidado de Deus. A *mesa* é a mesa do banquete de seu gracioso anfitrião; Deus concede abundante provisão ao convidado que Ele escolhe honrar. Os outros presentes podem até querer prejudicar Davi, mas o salmista se encontra sob a proteção de seu anfitrião. Ele está participando do banquete enquanto os demais foram deixados sozinhos sofrendo as consequências de seus erros, porque não podem prejudicar alguém sob a proteção do Rei!

Davi anuncia em seguida: "unges-me a cabeça com óleo" (v.5). Ungir alguém com óleo é um conceito usado de diversas maneiras na Bíblia. Na realidade, a palavra "Messias", *meshiach*, de fato se refere a alguém que foi ungido. Os reis eram ungidos; o mesmo acontecia com os sacerdotes. Mesmo assim, Davi não usa a palavra *meshiach*. Em vez disso, ele usa um termo hebraico que significa "engordar". A forma específica que Davi usa transmite a ideia de tornar algo gordo. Ele diz literalmente: "Tu engordaste a minha cabeça com óleo", sugerindo que o óleo cobria a sua cabeça.

O bufê de um hotel em Israel ilustra o banquete que um rei prepararia

Acredito que Davi esteja prosseguindo com o seu tema sobre Deus apresentando-o como o gracioso anfitrião. Desde a época dos antigos egípcios, o azeite de oliva era derramado sobre a cabeça dos convidados como um ato de cortesia e hospitalidade. Mais de um milênio *depois* da época de Davi, o mesmo costume ainda era praticado. No evangelho de Lucas, Jesus fez uma comparação entre a falta de hospitalidade demonstrada a Ele por Seu anfitrião e a bondade que lhe fora demonstrada por uma mulher "pecadora" — "Não me ungiste a cabeça com óleo, mas esta, com bálsamo, ungiu os meus pés" (7:46).

No Salmo 23, Davi está dizendo que Deus, como o anfitrião sempre gracioso, sustentou-o com proteção e derramou sobre ele Sua hospitalidade. Na verdade, a generosidade oferecida por este benevolente anfitrião celestial excedia todas as expectativas: "o meu cálice transborda" (23:5). O pensamento aqui é de que Deus não apenas providencia o essencial, mas vai além. O vinho era uma mercadoria preciosa, usada e compartilhada moderadamente. Mas Deus encheu o cálice de Davi até a boca a ponto de transbordar.

A abundância de Deus como Rei e anfitrião gracioso era tão evidente para Davi que ele conseguiu chegar a uma única conclusão. "Bondade e misericórdia certamente me seguirão todos os dias da minha vida; e habitarei na Casa do SENHOR para todo o sempre" (v.6). A palavra hebraica traduzida como "bondade" é *tov*, que significa "bom". Esta mesma palavra é usada em Deuteronômio 28:11, trecho no qual Moisés anunciou que parte das bênçãos da aliança concedidas por Deus seria "abundância *de bens*" (ênfase adicionada). Moisés então enumerou todas as bênçãos que Deus derramaria sobre Seu povo.

Correlacionada com a bondade de Deus está a gentileza amável de Deus. A palavra é *hesed*, a qual se refere à fidelidade de Deus em guardar a aliança. Davi era otimista com relação ao futuro, mas não com base no que ele próprio pudesse fazer. Em vez disso, seu otimismo era guiado pela fidelidade de Deus às promessas de Sua aliança.

Davi conclui o seu cântico dizendo que ele habitaria "na Casa do SENHOR para todo o sempre". Algumas pessoas acreditam que a "Casa do SENHOR" se refira ao Templo, mas o templo ainda não tinha sido edificado por Salomão. Outras pessoas acham que seja uma referência ao Céu. Contudo, a expressão "para todo o sempre" é de fato traduzida das palavras hebraicas que significam "duração de dias". À medida que Davi escreve este salmo, ele vê a generosa bênção divina até aquele momento de sua vida e expressa a confiança de que o Senhor continuará a mostrar a Sua lealdade ao salmista no restante de sua vida. A "vida eterna" para o cristão continua durante toda a eternidade, mas não é essa a questão que Davi está tratando aqui. Deus *tem* sido bom para Davi até este momento, e o salmista confia que a fidelidade divina *perdurará*.

CAMINHANDO POR NOSSA TERRA

É HORA DE DEIXAR o salão de festas e começar nossa jornada para casa. Mas qual a verdade que podemos levar ao seguir o nosso caminho? Eu gostaria de sugerir algo. Regularmente, todos nós enfrentamos ameaças e problemas em nossa vida; às vezes até diariamente. De vez em quando, elas parecem quase devastadoras. Nem sempre podemos escolher as circunstâncias que vivemos, mas podemos escolher como reagir a elas. Davi tinha inimigos, mas durante os momentos de tribulação, ele também experimentava o amor leal de Deus. E lembrar-se de como Deus agira no passado lhe trouxe confiança de que o Senhor continuaria a abençoar o restante de sua vida. Ele descansou na presença de Deus.

Quais são as suas ameaças hoje? Leve-as com você à corte real do Céu e coloque-as na mesa do banquete diante do Rei do Universo. Contemple profundamente os Seus olhos de amor. E lembre-se de que o Deus que cuidou de você no passado é Aquele que prometeu continuar cuidando de você por toda a sua vida. Se você é um dos filhos de Deus, tem um convite *permanente* para se assentar à Sua mesa de banquete real!

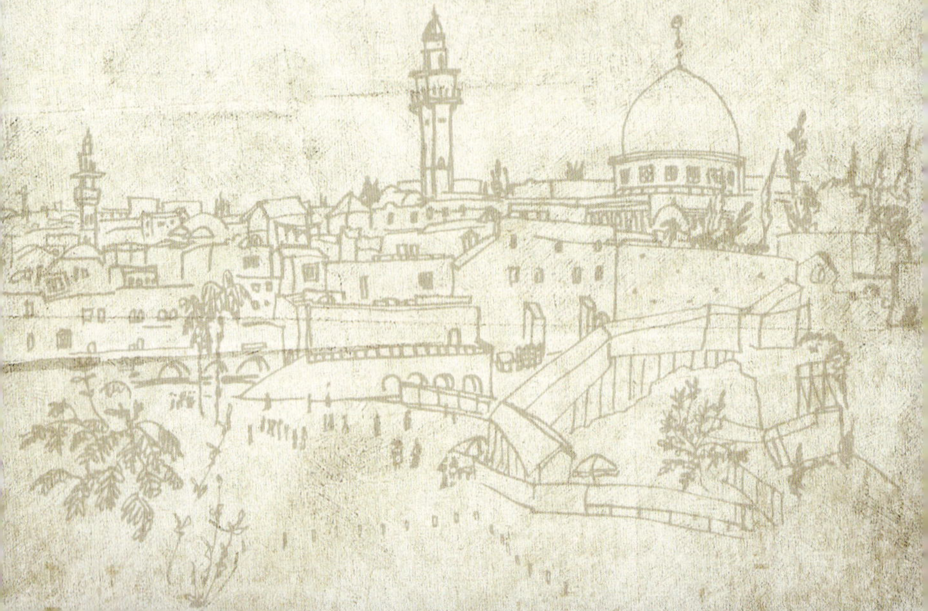

DIA 8

A oração de *Chanuca* de Davi

Salmo 30

O passeio de hoje nos leva para o oeste mais moderno de Jerusalém para visitarmos o Museu de Israel, o Memorial Yad Vashem e o Museu do Holocausto de Israel. Primeiro, porém, vamos parar perto do Knesset, que é o parlamento israelense. Pegue sua câmera fotográfica e vamos descer do ônibus! Quero mostrar-lhe este lindo menorá de bronze que foi oferecido como presente a Israel pelo Parlamento Britânico em 1956.

Contudo, enquanto ainda estamos aqui, deixe-me fazer-lhe duas perguntas. A primeira: Por que alguns menorás têm sete braços ao passo que outros têm nove? Os menorás de sete braços, como aquele perto do Knesset, são padronizados de acordo com o menorá que ficava no Templo. O menorá de nove braços serve para a prática do *Chanuca* (ou *Hanuca*). Uma ponta é acesa na primeira noite do *Chanuca*, e depois outra cada noite durante oito noites. O nono braço e o centro são usados para iluminar os outros oito braços.

A segunda pergunta é: Você sabia que o rei Davi escreveu uma oração para o *Chanuca*?

Essa é uma pergunta capciosa, porque o *Chanuca* só foi estabelecido como um festival em Israel aproximadamente 800 anos *depois* do rei Davi! Mas um dos salmos usados na celebração do *Chanuca* é o Salmo 30, escrito por Davi! Na realidade, a inscrição introdutória diz que Davi o escreveu como um "Cântico da dedicação da casa". A palavra hebraica traduzida como "dedicação" é *hanukkah*. O atual Festival de *Chanuca* celebra a nova dedicação do Templo depois que ele foi profanado por Antíoco Epifânio. Assim, por causa destas similaridades, é fácil perceber por que esta oração de *Chanuca* de Davi foi posteriormente relacionada a esse festival.

A inscrição do Salmo 30 causa problemas para alguns, porque o Templo original foi construído somente *depois* do reinado de Davi. Ele quis construí-lo, mas Deus não permitiu que o fizesse. Esse encargo foi deixado para seu filho Salomão. Sendo assim, como Davi poderia ter escrito um salmo para a dedicação da "Casa" se o Templo não existia?

Este não é um problema tão sério quanto, em princípio, possa parecer. A Bíblia nos diz que Davi reuniu todos os materiais para a construção do Templo (1 Cr 22). Ele comprou a eira de

Ornã, o jebuseu, para ser o local onde o Templo por fim seria edificado (1 Cr 21:22-25). Dessa forma, Davi *dedicou* a terra e os materiais para o Templo.

Mas de que maneira o Salmo 30, a dedicação do Templo e o *Chanuca* se relacionam conosco hoje? Estou feliz que você tenha perguntado isso! Para responder essa questão, voltemos ao momento em que Davi estava reunindo os materiais para o Templo que Salomão construiria. Era um momento de paz e prosperidade nacional. Infelizmente, também foi um tempo em que o orgulho de Davi quase destruiu seu reino!

Os acontecimentos de 1 Crônicas 21 são quase, certamente, o pano de fundo para a oração de Davi no Salmo 30. O trecho desse capítulo de 1 Crônicas começa com o salmista tomando a tola decisão de fazer um censo para saber a quantidade de homens em Israel que poderiam servir em seu exército (vv. 1-5).

O Menorá de Bronze que permanece próximo a entrada do Knesset, o parlamento de Israel

Ele não estava enfrentando qualquer perigo naquele momento. Seu propósito era simplesmente satisfazer o próprio ego. "Vejam como eu me tornei grandioso! Vejam o exército que eu posso colocar no campo de batalha!" E realmente era impressionante. Ele tinha o potencial de colocar no campo de batalha um exército com mais de um milhão de fortes soldados.

Deus reagiu ao orgulho de Davi enviando uma peste que atingiu toda a nação, chegando a Jerusalém. Davi se arrependeu e humilhou-se diante de Deus. Ele comprou a terra onde o Templo mais tarde seria edificado e ofereceu sacrifícios ao Senhor. O relato de Crônicas termina com Davi emitindo a seguinte ordem: "Aqui, se levantará a Casa do SENHOR Deus" (1 Cr 22:1).

Uma arrogante sensação de segurança foi seguida pela correção de Deus, que foi seguida pelo reconhecimento pessoal do erro e a humilde submissão a Deus. Estes acontecimentos históricos são os temas que Davi de fato desenvolve na oração do Salmo 30.

Ele começa sua oração louvando a Deus por Seu livramento. "Eu te exaltarei, ó SENHOR, porque tu me livraste e não permitiste que os meus inimigos se regozijassem contra mim" (30:1). Quando o salmista viu o anjo do Senhor sobre Jerusalém, com a espada na mão, ele compreendeu o quanto a sua vida era frágil. Agora, ao refletir sobre os acontecimentos passados, ele percebe que Deus o levou à beira da própria morte e depois o trouxe de volta. "SENHOR, da cova fizeste subir a minha alma; preservaste-me a vida para que não descesse à sepultura" (v.3).

Davi faz uma pausa na oração para lembrar seus ouvintes de uma lição que eles podem extrair de sua recente experiência.

"Salmodiai ao SENHOR, vós que sois seus santos, e dai graças ao seu santo nome. Porque não passa de um momento a sua ira; o seu favor dura a vida inteira. Ao anoitecer, pode vir o choro, mas a alegria vem pela manhã" (vv.4,5).

Há momentos em que Deus precisa nos disciplinar como Seus filhos. *Há* consequências por nossos atos e por nossas decisões tolas e pecadoras. Mas Davi queria que os outros percebessem que esses momentos de disciplina são apenas temporários para aqueles que são verdadeiramente filhos de Deus. Os tempos de correção, por mais dolorosos que possam ser, são seguidos pelo abraço amoroso do nosso Pai celestial.

Voltando à sua oração, Davi confessa o orgulho que o levou a agir de forma tão tola: "Quanto a mim, dizia eu na minha prosperidade: jamais serei abalado" (v.6). Davi olhou para tudo o que ele tinha e se sentiu invencível, inabalável. Afinal de contas, ele tinha um exército de um milhão de soldados! Porém, foi aí que aconteceu o impensável. Deus apenas voltou o rosto em juízo, e Davi de repente se sentiu "conturbado" (v.7). Ele continuou a orar a Deus: "Por ti, SENHOR, clamei, ao Senhor implorei. […] Ouve, SENHOR, e tem compaixão de mim; sê tu, SENHOR, o meu auxílio" (vv.8,10).

Em 1 Crônicas 21:16, Davi vestiu-se de pano de saco como demonstração de arrependimento por seu orgulho e de sua humilde submissão a Deus. E ele termina a oração do Salmo 30 exaltando novamente o que Deus fez. "Converteste o meu pranto em folguedos; tiraste o meu pano de saco e me cingiste de alegria" (30:11). Deus *realmente* respondeu a Davi em seu momento de aflição!

CAMINHANDO POR NOSSA TERRA

PODEMOS APRENDER duas lições com a oração de Davi no Salmo 30. Primeira: A oração do menino-pastor que se tornou rei é um lembrete da verdade de que Deus "resiste aos soberbos, mas dá graça aos humildes" (Tiago 4:6; 1 Pedro 5:5). Foi a soberba de Davi que o levou para baixo... E foi a graça de Deus que o restaurou assim que ele se humilhou. As vozes que o cercam estão lhe dizendo que você deve reivindicar seus direitos e gabar-se de suas realizações. Porém, o Salmo 30 é um lembrete de que os seguidores de Jesus devem seguir um caminho diferente: o caminho em que o orgulho egoísta é substituído pela humilde submissão. Não somos os mestres do nosso destino nem os capitães da nossa alma. Ele é! E precisamos lhe dizer isso!

Segunda lição: Deus *realmente* responde às orações humildes dos Seus filhos. Se você está lutando com as consequências das escolhas ruins e dos atos tolos do passado, apenas se lembre-se de que nunca é tarde demais para voltar-se para Deus. Ele é especialista em restaurar aqueles que se desviaram. Ou, como Davi escreveu de forma tão poética neste salmo: "Porque não passa de um momento a sua ira; o seu favor dura a vida inteira. Ao anoitecer, pode vir o choro, mas a alegria vem pela manhã" (30:5).

E esse é outro grande motivo para orar!

DIA 9

Onde está Deus em meio a tanta dor?
Salmos 42–43

Enquanto Jó estava sentado sobre um monte de cinzas em agonia, três "amigos" apareceram para oferecer consolo. Misturando observações imperfeitas sobre a vida com teologia ruim, eles achavam que o sofrimento de Jó fosse uma punição de Deus por algum pecado, e concluíram que Jó não era justo.

Jó sabia que era inocente de tais acusações. Então, por desconhecer o motivo de seu sofrimento, ele decidiu que Deus era injusto. Apenas os leitores do livro sabem da verdadeira história: A condição de Jó era parte de uma batalha cósmica muito maior entre Deus e Satanás.

Todos nós enfrentamos momentos de tremendas batalhas e dúvidas, fases em que temos muitas perguntas e poucas respostas. Um emprego perdido. Uma casa correndo o risco de ser executada em leilão. Trauma físico ou emocional. A perda repentina, muitas vezes inesperada, de um ente querido. Acontecimentos trágicos que destroçam a nossa vida, deixando sonhos despedaçados, esperanças não realizadas e corações abatidos. Durante tempos de luta como esses, a pergunta muitas vezes não pronunciada é simplesmente esta: "Onde Deus está em meio a tanta dor?".

O autor dos Salmos 42 e 43 conhecia o aguilhão da dor pessoal. Estes dois salmos foram organizados para serem lidos como uma única composição em três estrofes separadas. Cada estrofe termina com praticamente o mesmo refrão: "Por que estás abatida, ó minha alma? Por que te perturbas dentro de mim? Espera em Deus, pois ainda o louvarei, a ele, meu auxílio e Deus meu" (43:5; ver também 42:5,11).

Na primeira estrofe (42:1-5), o salmista olhou afetuosamente para o passado até mesmo quando lamentou a sua condição presente. Ele estava sedento de Deus assim como uma corça anseia pela água em tempos de seca. Em pranto, ele contrastou a zombaria presente de seus captores ("O teu Deus, onde está?") com a alegria passada que ele tivera ao transitar por Jerusalém para adorar ao Senhor.

Na segunda estrofe (42:6-11), o salmista repetia a dor e a confusão que sentia ao ser levado da terra de Israel para o exílio. A progressão que ele menciona parte das "terras do Jordão" (o Vale do Jordão) até o "monte Hermom" (no norte de Israel)

Cachoeira de Banias próxima ao monte Hermom

até o "outeiro de Mizar" (um dos picos mais baixos do monte Hermom). Enquanto seu desejo era viajar para o sul *em direção ao* Templo de Deus em Jerusalém, ele estava sendo levado cativo para o *norte*, exatamente para longe da terra que Deus prometera ao Seu povo.

O salmista descrevia sua confusão, dor, seu transtorno e pesar como se o peso esmagador de tudo isso fosse uma cachoeira barulhenta comprimindo-o implacavelmente. Talvez, ele tivesse acabado de passar por perto da cachoeira de Banias, que hoje troveja na base do monte Hermom. O profundo bramido dessa cascata de água pode ser ouvido até mesmo antes de se avistá-la. Quando levo algum grupo até a cachoeira de Banias, as pessoas olham para cima, para a água em majestosa cascata que golpeia as rochas abaixo e veem essa beleza incrível. Porém, para o salmista, essas mesmas águas ilustravam o peso terrível do sofrimento que parecia esmagá-lo. Em sua dor, ele clamou a Deus: "por que te olvidaste de mim?" (v.9).

A resposta do salmista à sua própria pergunta pungente vem em duas partes. A primeira é um lembrete extraordinário da fidelidade de Deus. "Contudo, o SENHOR, durante o dia, me concede a sua misericórdia, e à noite comigo está o seu cântico, uma oração ao Deus da minha vida" (42:8). Este é o único momento, nestes dois salmos, em que o salmista se refere a Deus como "Senhor" (usando o termo hebraico *Yahweh* para referir-se ao Deus da aliança). Embora o autor possa *sentir-se* abandonado e sozinho, Deus ainda está presente — e ainda agindo em favor de Seu povo. O amor leal do Senhor e Suas palavras de consolo agem dia e noite, mesmo quando as nossas circunstâncias podem levar-nos a sentir o contrário.

A segunda resposta a uma das perguntas mais difíceis da vida vem na estrofe final deste salmo de três estrofes (43:1-5). O salmista ganhou perspectiva e esperança ao buscar a Deus em oração e concentrando-se no futuro. Seus problemas pareciam devastadores, mas ele precisava lembrar-se de que o poder de Deus é maior do que qualquer dificuldade que ele pudesse enfrentar. Consequentemente, ele pôde pedir que Deus o resgatasse e o guiasse em meio às inundações da vida. O salmista terminou com a sensação de expectativa e esperança. Ele sabia que, algum dia, voltaria a Jerusalém para adorar a Deus. Ele não sabia como tudo aconteceria, mas estava convencido de que o Senhor responderia a sua oração sincera, e isto lhe renovou a esperança.

CAMINHANDO POR NOSSA TERRA

TALVEZ, TRÊS MILÊNIOS ATRÁS, os filhos de Corá escreveram estes dois salmos. Colocar nossa esperança em Deus é uma abordagem que muitos têm aceitado desde então. Dentre as imagens de confiança nos bons planos do nosso Criador que de vez em quando não conseguimos ver, está a imagem de uma tapeçaria lindamente entrelaçada que, do lado inverso, parece caótica e totalmente sem atrativo algum. Um poema anônimo intitulado "O Tecelão", apareceu pela primeira vez no fim do século 19. O poema confirma muitas das lições dos Salmos 42 a 43.

O Tecelão

Minha vida é uma tapeçaria
Entre mim e o Senhor / E eu não posso escolher a cor
Com a qual Ele constantemente tece.

Às vezes, Ele tece sofrimento,
E na minha tola arrogância
Esqueço que Ele vê a parte de cima
E eu, a de baixo.

Até que o tear silencie
E as lançadeiras deixem de operar
Deus não desenrolará a tela
E explicará Seus propósitos

Os fios escuros são indispensáveis
Nas habilidosas mãos do Tecelão
Assim como os fios de ouro e de prata
Para a estampa que Ele planejou.

Você está se sentindo sobrecarregado por seus problemas? Deus parece estranhamente distante e silencioso? Busque-o em oração e permita que Ele saiba como você se sente. Não tenha medo de compartilhar suas dores e decepções. Depois, porém, retroceda e perceba que os seus problemas talvez estejam obscurecendo a sua visão de Deus. Lembre-se de que Deus ainda está com você mesmo que não sinta a Sua presença. E, assim como o avesso confuso de uma obra de tapeçaria ainda sendo executada, você está sendo tecido por Deus numa linda obra, um trabalho ainda em progresso.

Memorize o Salmo 42:8 para lembrar-se sempre de que Deus estará ao seu lado durante o dia e a noite toda. O dia de ontem pode trazer lembranças amargas, e o dia de hoje pode trazer problemas feito cascatas sobre você, ameaçando acabar com o seu ânimo. Contudo, busque a Deus pelo dia de amanhã, adquira Sua perspectiva eterna e veja o Senhor transformar a sua tristeza em esperança.

Essas palavras dos filhos de Corá permanecem verdadeiras hoje e são dignas de fazer parte da nossa oração: "Por que estás abatida, ó minha alma? Por que te perturbas dentro de mim? Espera em Deus, pois ainda o louvarei, a ele, meu auxílio e Deus meu" (43:5).

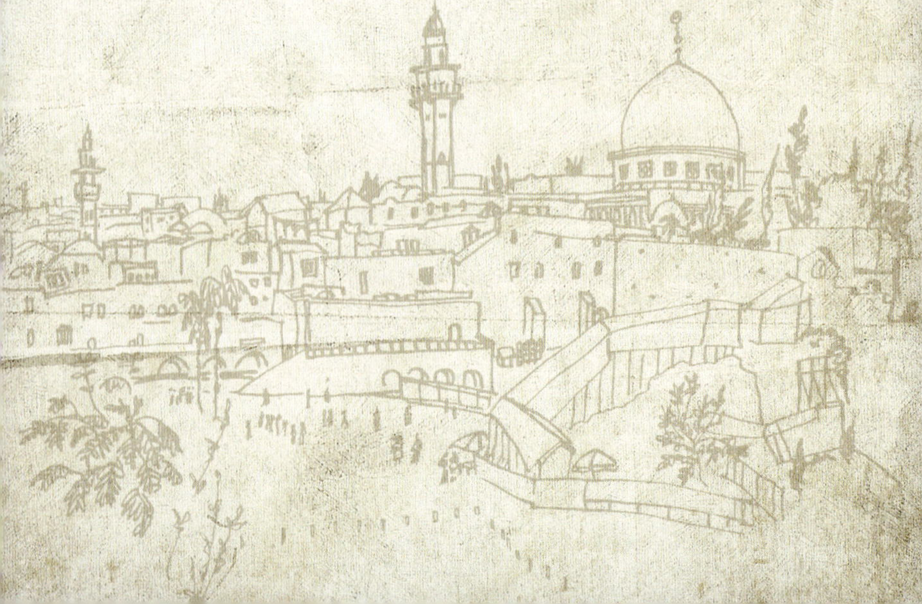

DIA 10

A cidade do nosso Deus
Salmo 46

Você já reparou quantas redes de restaurante dizem ter um ingrediente especial que torna a comida deles única? O KFC (*Kentucky Fried Chicken*) tem sua "*mistura secreta de 11 ervas e temperos*" enquanto o Big Mac do McDonald's é composto por "dois hambúrgueres, alface, queijo, molho especial, cebola, *pickles* num pão de gergelim"! Estes ingredientes não identificados são aquele "algo a mais" que supostamente torna o alimento especial e lhe dá um sabor irresistível.

Muitas vezes, as cidades têm algo único que também as torna especiais. Será que Londres, Paris ou Nova Iorque seriam as mesmas sem o Big Ben, a Torre Eiffel ou o *Empire State Building* e a Estátua da Liberdade? De fato, a maioria das cidades de categoria mundial parece ter algo icônico que incorpora seu caráter e sua essência. Jerusalém não é exceção, embora seu "molho especial" possa surpreendê-lo. Não se trata de uma estrutura física, como o Domo da Rocha ou os muros da Antiga Cidade.

O molho secreto que faz de Jerusalém uma cidade tão especial é o Deus que a escolheu para ser Sua! Como o autor do Salmo 46 diz, Jerusalém é "a cidade de Deus" e "Deus está no meio dela" (46:4,5).

O Salmo 46 é de destemida confiança no Deus que demonstra o Seu poder e Seu amor. Martinho Lutero baseou seu hino *Castelo forte* no Salmo 46, e o seu poder e majestade *são* captados nas palavras e na melodia desse hino.

O próprio salmo parece dividir-se em três seções, e cada uma delas termina com a palavra hebraica *Selá*. Essa palavra é usada

O complexo do Templo representado com base no modelo do segundo Templo, Jerusalém

74 vezes no Antigo Testamento, sendo que 71 dessas menções aparecem no livro de Salmos. Embora nem todo mundo concorde com o seu significado, a palavra parece indicar uma ruptura ou pausa no texto. A Nova Versão Internacional pode ter captado a compreensão essencial do termo quando traduziu selá como "pausa".

O salmo começa afirmando ousadamente seu tema. "Deus é o nosso refúgio e fortaleza, socorro bem-presente nas tribulações." O escritor retrata então duas imagens muito dramáticas do tipo de problema que enfrentamos. Nos versículos 2 e 3, afirma que podemos confiar em Deus mesmo que a *natureza* pareça virar de cabeça para baixo, enquanto, nos versículos 5 a 7, ele diz que podemos confiar em Deus mesmo que as *nações* pareçam virar de cabeça para baixo.

Em sua primeira metáfora, o salmista descreve a própria ruína da criação. No tempo da criação, Deus tirou do mar a terra seca, mas o autor de Salmos retrata um tempo de caos em que mesmo as montanhas novamente se abalarão "no seio dos mares" (v.2). Viria o tempo em que aquilo que pensávamos ser sólido como uma rocha, estável e seguro — como os montes — poderia tornar-se como gelatina e se dissolver no abismo profundo e espumoso. Porém, ainda que o impensável aconteça, o salmista diz que "não temeremos", porque Deus é maior do que qualquer força da natureza.

Em sua segunda metáfora, o salmista passa da natureza para as nações. Em vez do caos no seio dos mares, o autor descreve o bramido entre as nações como abalos dos reinos. As pessoas estão agora ameaçadas não pelos desastres naturais, mas pelos impérios malignos e sinistros que planejam a destruição de Jerusalém. O perigo é real — mas real também é o Deus que guarda a Sua cidade. O povo pode gritar em triunfo: "O SENHOR dos Exércitos está conosco; o Deus de Jacó é o nosso refúgio" (v.7). A expressão "SENHOR dos exércitos" é *Yahweh Tzebaot*, Deus das forças celestiais. Nem a natureza nem as nações são páreo para as hostes celestiais sob o domínio de Deus!

Até aqui, tudo bem. Mas o que isso tudo tem a ver com o "molho especial" de Jerusalém? Ah, que bom que você fez essa pergunta! Porque, ao descrever todas as ameaças vindas da natureza e das nações, o autor faz uma pausa para focar em Jerusalém, a cidade que é o epicentro do conflito. No início, sua descrição parece tanto imprecisa quanto inapropriada. "Há um rio, cujas correntes alegram a cidade de Deus, o santuário das moradas do Altíssimo" (v.4).

Se você visitar Jerusalém, você *não* verá um rio! O Egito tem o Nilo, a Babilônia tem o Eufrates, e Nínive tem o Tigre. Mas não existe rio físico em Jerusalém, e isso é a chave para que saibamos que o autor tem algo mais em mente. O "rio" que provê vida a Jerusalém é o poder mantenedor e protetor do Deus Altíssimo. É por isso que o salmista chama Jerusalém de "a cidade de Deus". Era a presença de Deus na cidade que provia por todas as necessidades dela. No versículo seguinte, o salmista deixa claro isso. "Deus está no meio dela; jamais será abalada; Deus a ajudará desde antemanhã" (46:5).

CAMINHANDO POR NOSSA TERRA

NATUREZA E NAÇÕES. As duas eram ameaças a Jerusalém. E ambas continuam sendo ameaças para nós hoje. Deus queria que Jerusalém percebesse que a presença e o poder divinos eram suficientes para a proteção da cidade. De fato, à medida que o salmo chega ao fim, o próprio Deus fala ao povo: "Aquietai-vos e sabei que eu sou Deus; sou exaltado entre as nações, sou exaltado na terra" (v.10). Deus é maior do que as nações e do que a natureza. Ele é suficientemente poderoso para lidar com qualquer ameaça. E é por isso que o nosso trabalho é "aquietar-nos", o que literalmente significa "deixar cair" no sentido de manter os braços relaxados e caídos ao lado do corpo. Pare de tentar lutar as batalhas em sua própria força... e saiba, experiencialmente, que Aquele que está em seu meio é verdadeiramente Deus!

O salmo termina com o povo confirmando o que Deus acabou de dizer. Eles afirmam triunfantemente: "O SENHOR dos Exércitos está conosco; o Deus de Jacó é o nosso refúgio" (46:11). O seu mundo está desmoronando ao seu redor? Você está enfrentando problemas que parecem estar surgindo de todas as direções? Faça uma pausa e lembre-se de que Deus está com você. E, ao comando dele, também estão todas as forças do próprio Céu. Deixe seus braços cansados caírem ao lado do seu corpo e permita que o Senhor lute as suas batalhas espirituais. Você descobrirá que a graça e a força divina são suficientes.

Apropriadamente, o salmo termina com aquela palavra — *Selá*, como a Nova Versão Internacional a traduz: "pausa". Faça uma pausa e pense calmamente a respeito disso.

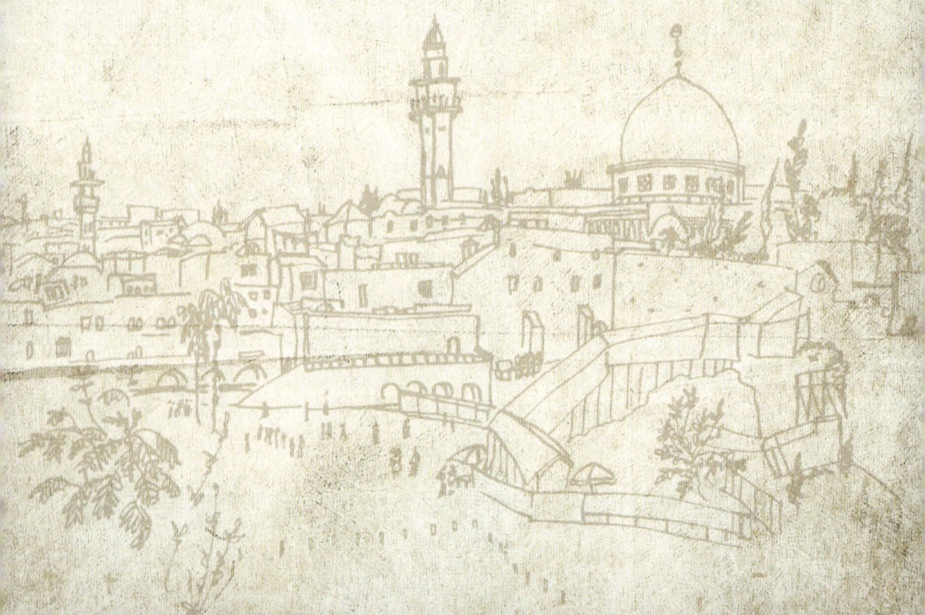

DIA 11

A batalha que nunca aconteceu
Salmo 48

A melhor maneira de conhecer Jerusalém é andando — embora também seja a maneira mais lenta e cansativa. Porém, caminhar ao longo de seus baluartes, andar ao redor de suas muralhas e perambular por suas ruas e becos é a única forma de compreender a cidade. Nada substitui o ato de percorrer as ruas a pé para ter a sensação do quanto esta cidade é incrível.

Hoje você terá a oportunidade de fazer exatamente isso. Vamos nos unir aos filhos de Corá num passeio ao redor das muralhas de Jerusalém! Então, pegue seu boné e sua mochila e venha conosco celebrar a batalha que nunca aconteceu, como vemos no Salmo 48.

Este salmo de celebração começa voltando a nossa atenção para Deus. "Grande é o SENHOR e mui digno de ser louvado" (v.1). Podemos louvar a Deus por *quem* Ele é ou *pelo que* Ele tem feito. E este salmo nos convoca a louvar a Deus pelo que Ele tem feito pela cidade de Jerusalém, embora o salmista nos leve a uma jornada sinuosa a fim de nos apresentar seu ponto de vista.

Os primeiros versículos empregam um estilo literário que chamamos de *quiasmo*. Trata-se de um modo semita de pensar e escrever no qual o salmista começa e termina uma seção dizendo essencialmente a mesma coisa. Por exemplo, ele começa o primeiro versículo afirmando que Deus é digno de ser louvado e termina essa primeira seção no versículo 3 dizendo *o motivo pelo qual* Deus merece tal louvor. "Nos palácios dela, Deus se faz conhecer como alto refúgio."

Depois de nos dizer por que precisamos louvar ao nosso Deus, o autor explica *onde* o povo deveria louvá-lo. Ele diz, no primeiro versículo, que isso deveria acontecer "na cidade do nosso Deus". Então, ele reafirma o local no fim do segundo versículo. Devemos oferecer este louvor na "cidade do grande Rei". Uma vez que a palavra "Rei" é paralela à expressão "nosso Deus", sabemos que o salmista não está falando sobre o governante humano de Jerusalém. O rei que devemos louvar é o Rei soberano do Universo!

Finalmente, no centro desta primeira seção, o salmista nos leva ao Templo. É onde ele deseja que estejamos reunidos para louvar a Deus. A marcha segue em direção ao "seu santo monte", o qual o salmista identifica então como "o monte Sião, para os lados do

Um devocional sobre a Terra Santa

Norte". Evidentemente, este salmo foi escrito para comemorar o encontro nacional do povo no Templo de Salomão ao lado norte de Jerusalém.

Contudo, você poderia se perguntar por que estamos nos reunindo no Templo hoje para louvar a Deus. O salmista compartilha a resposta nos versículos 4 a 7. Estamos reunidos para agradecer ao Senhor que nos salvou dos nossos inimigos. Os "reis se coligaram" para atacar Jerusalém. O salmista não identifica os reis nem a batalha, mas parece provável que o ataque ao qual se refere seja a invasão realizada pelo rei Senaqueribe da Assíria em 701 a.C. Nesse ano, Senaqueribe liderou seu exército contra o rei Ezequias de Jerusalém (veja 2 Reis 18:13, 19-25; 19:1-4), e a impressão era de que Jerusalém certamente cairia. Mas algo muito surpreendente aconteceu que alterou a trajetória da batalha.

As muralhas da antiga cidade de Jerusalém do lado exterior da Cidade de Davi

Qualquer um que tenha estudado latim provavelmente já leu a narrativa de Júlio César ao Senado Romano a respeito de sua rápida vitória na batalha: *Veni. Vidi. Vici.* Traduzidas, essas palavras significam: "Vim. Vi. Venci". Usando verbos similares, o escritor do Salmo 48 descreve o ataque ameaçador do poderoso exército da Assíria —mas com uma reviravolta surpreendente. Eles "juntos sumiram-se". Bastou "vê-los". Mas depois eles "fugiram apressados". Talvez, traduziríamos para o latim como *Veni. Vidi. Vegematic.* "Eles vieram. Viram. Foram despedaçados!"

O poderoso exército da Assíria chegou a Jerusalém. Porém, ao invés de conquistarem a cidade, o salmista diz que eles foram tomados de "assombro" e "fugiram apressados" (v.5). Ele descreve a destruição como uma forte tempestade despedaçando e afundando um navio indefeso pego em mar aberto. "Com vento oriental destruíste as naus de Társis" (v.7).

No versículo 8, o autor compartilha a principal lição que deseja que o povo saiba e relembre: "Como temos ouvido dizer, assim o vimos". Eles tinham ouvido falar sobre os milagres de Deus no passado. Sabiam sobre a travessia do mar Vermelho e o afogamento do exército de Faraó. Mas *agora* eles tinham visto com os próprios olhos o poder de Deus em ação. Deus tinha miraculosamente intervindo novamente para livrar o Seu povo!

Saindo do Templo, o salmista encorajou os adoradores a dar uma volta pelas defesas da cidade. "Percorrei a Sião, rodeai-a toda, contai-lhe as torres; notai bem os seus baluartes, observai os seus palácios" (vv.12,13). Mas o que ele quer que vejamos nesse passeio? Vamos dar uma olhada!

Examine cuidadosamente os muros da cidade. Nenhuma pedra sequer foi despedaçada pelo aríete assírio. Nada de areia foi amontoada junto às muralhas para marcar o lugar onde uma rampa seria construída. Na realidade, nem um único lugar em parte alguma ao redor da cidade parece indicar que os assírios estivessem planejando atacar — e então o que o salmista pretende dizer chega a você. As muralhas não foram tocadas porque *Deus* derrotou os inimigos de Jerusalém antes mesmo que eles pudessem começar a atacar a cidade. Os muros físicos não foram, definitivamente, a proteção de Jerusalém. Foi Deus quem protegeu a cidade em resposta às orações do povo.

O salmista sorri e então enfatiza este ponto do último versículo: "este é Deus, o nosso Deus para todo o sempre; ele será nosso guia até à morte".

CAMINHANDO POR NOSSA TERRA

ENTÃO, QUAIS SÃO as forças que ameaçam a sua vida neste momento? Podem ser inimigos físicos ou financeiros que ameaçam destruir a sua segurança. Podem ser adversários emocionais ou espirituais, e você se preocupa que não tenha forças suficientes para repeli-los. Reserve um tempo para ler o relato do ataque assírio a Jerusalém em Isaías 36–37. Depois, releia o Salmo 48. O povo de Jerusalém havia ouvido falar sobre os milagres de Deus no passado. Mas agora eles viam com os próprios olhos o que Senhor poderia fazer — de perto e pessoalmente — na hora de necessidade deles. O Salmo 48 foi escrito para lembrar às *futuras* gerações, incluindo a sua, de que podemos *ainda assim* depender de Deus, pois Ele estará presente no momento de necessidade.

Assim como o rei Ezequias e o povo de Jerusalém fizeram, leve seus problemas a Deus e apresente-os a Ele em oração. Depois, observe-o agir à *Sua* maneira especial para suprir as *suas* necessidades. Porque, como diz o salmista no versículo 14, "este é Deus, o nosso Deus para todo o sempre; ele será nosso guia até à morte".

DIA 12

Lágrimas em um odre

Salmo 56

Cuidado por onde anda! Este caminho descendo o monte das Oliveiras é muito íngreme, e eu não quero que ninguém escorregue e caia em alguma pedra solta. Você conseguiu passar por uma multidão de vendedores ambulantes com todas as suas bugigangas, e agora a situação já está mais calma. Porém, isso dura apenas pouco tempo. Você está vendo aquela abertura à direita, aproximadamente 15 metros adiante? É a entrada para o Dominus Flevit, nossa próxima parada!

Há tantas coisas que podemos falar sobre este lugar. Os ossuários, ou caixas de ossos, perto da entrada. A linda vista do interior de Jerusalém. Ou os espinheiros em frente à capela que descrevem tão vividamente como deve ter sido a coroa de espinhos. Hoje, porém, quero assinalar um traço arquitetônico incomum da própria capela. Olhe com atenção aos seus quatro ângulos. Está vendo aqueles vasos decorativos que se elevam de cada um dos lados? Eles de fato representam garrafas ou odres de lágrimas. Esta capela celebra o local onde Jesus chorou por Jerusalém — Dominus Flevit significa "nosso Senhor chorou" —, e por isso o arquiteto incorporou garrafas de lágrimas no projeto.

Mas por que odres de lágrimas? Qual é a história por detrás destes odres? Os escavadores encontraram numerosas garrafinhas de vidro soprado, da época do Novo Testamento que haviam sido usadas para recolher as lágrimas de alguém. Era como se, recolhendo as lágrimas na garrafa, as pessoas pudessem guardar as lembranças dos seus entes queridos através dos tempos de separação e perda. Era uma forma palpável de demonstrar o quanto você se importava com alguém. O arquiteto colocou

Os odres de lágrimas decoram os cantos da capela *Dominus Flevit* no monte das Oliveiras

estas garrafas em cada canto para honrar as lágrimas que Jesus derramou por esta cidade e pelo povo que nela habitava.

Dê uma última olhada nessas garrafas, pois quero que sejamos transportados para um tempo e lugar diferentes. E a única similaridade com o que vimos até então serão essas garrafas de lágrimas. Nosso destino é a cidade de Gate, situada na planície da Filístia, e nosso tempo de chegada é mil anos *antes* da época de Jesus. Chegamos a uma cidade controlada pelos filisteus, os quais estavam em guerra com Israel, seus inimigos declarados.

Estamos em território inimigo. E além disso, Davi ainda é jovem! Na tentativa desesperada de fugir do rei Saul, Davi tolamente pensou que estivesse em segurança fugindo para esta cidade da Filístia. Contudo, os líderes filisteus tinham uma visão aguçada, e memória mais aguçada ainda. A batalha no vale de Elá tinha sido curta e caótica, mas eles reconheceram o jovem pastor que matara o herói de Gate, o gigante Golias! Os líderes confrontaram o rei com uma acusação. "Este não é Davi, o rei da sua terra? Não é a este que se cantava nas danças, dizendo: Saul feriu os seus milhares, porém Davi, os seus dez milhares?" (1Sm 21:11).

Quando Davi ouviu estas palavras, seu coração ficou partido. Ao fugir de Saul para a cidade de Gate, Davi foi de mal a pior. Em uma das poucas vezes em sua vida, a Bíblia diz que Davi "teve muito medo" de seus inimigos (v. 12). No desespero, o jovem fingiu insanidade, esperando convencer o rei de que ele não era mais uma ameaça. E, surpreendentemente, o rei de Gate permitiu que ele fosse embora. Davi ainda era um fugitivo de Saul, mas pelo menos não estava mais preso na fortaleza inimiga.

Contudo, o que a experiência de quase morte de Davi em Gate tem a ver com as garrafas de lágrimas? A resposta vem do próprio salmo escrito por ele depois da adrenalina de sua fuga da cidade filisteia. Na introdução ao Salmo 56, Davi nos diz que ele escreveu o salmo "quando os filisteus o prenderam em Gate". Este salmo é uma nova versão poética da experiência vivida naquela fortaleza que ameaçou sua vida.

Davi começa seu salmo com a descrição de ser ferido e oprimido por seus inimigos. Sem dúvida, os nobres que o prenderam e o levaram ao rei queriam a permissão de executar vingança contra aquele que matara seu herói e derrotara seus exércitos. Davi tinha um bom motivo para sentir medo. A ameaça à sua vida era real.

Porém, Davi então compartilhou o processo de pensamento interior que o tornou tal homem segundo o coração do próprio Deus. Ouça com atenção o que ele escreveu nos versículos 3 e 4. "Em me vindo o temor, hei de confiar em ti. Em Deus, cuja palavra eu exalto, neste Deus ponho a minha confiança e nada temerei. Que me pode fazer um mortal?" Em seu momento de trevas, Davi compreendeu que o poder do Deus no qual ele confiava era maior do que o poder dos inimigos alinhados contra ele.

Este é um pensamento nobre, claro! Mas alguns de vocês podem estar pensando: *Sei que Deus é maior do que todos os problemas que eu enfrento. Mas como posso ter certeza de que Ele se importa o suficiente comigo para me ajudar? Ele pode até ser grande, mas será que também é bom?*

Apenas alguns versículos depois, Davi compartilha a resposta reconfortante a essa pergunta provocativa. Com confiança, ele clama no versículo 8: "Contaste os meus passos quando sofri perseguições; recolheste as minhas lágrimas no teu odre; não estão elas inscritas no teu livro?".

Um odre e um livro. Davi usa estes dois objetos para descrever o quanto Deus se importa com Seus filhos e cuida deles. Enquanto o salmista chorava de medo e angústia, ele descrevia a imagem de Deus suavemente colocando Seu odre celestial no rosto de Davi, coletando cuidadosamente cada lágrima que escorria dos olhos dele. Deus não estava ouvindo passivamente o clamor do salmista; estava amorosamente recolhendo as lágrimas de Davi. Este salmo retrata uma imagem terna do precioso valor de Davi para Deus. E, por sua vez, Davi demonstra a preciosa valorização que Deus dá a *todos* os Seus filhos.

O segundo exemplo do salmista tira o foco do odre e passa para o livro. Suas lutas e problemas estavam, Davi afirma, registrados no livro celestial de Deus. A verdade sendo transmitida é de que Deus sabe *tudo* o que está acontecendo em nossa vida. Nada escapa ao Seu olhar; nada lhe passa despercebido. Davi tem confiança em Deus, porque sabe que o Senhor tem consciência de cada momento e de cada circunstância... e que Ele não os esquecerá.

Odres de lágrimas. Eles celebram o momento em que o Filho de Deus chorou por Jerusalém. No Salmo 56, eles também nos lembram de que Deus se importa com Seus seguidores, especialmente nos tempos de angústia. A mensagem de Davi aos leitores é simples. Se você está lutando hoje, Deus sabe! Ele se importa! Isso leva o salmista a clamar em triunfo no versículo seguinte: "bem sei isto: que Deus é por mim" (v.9).

CAMINHANDO POR NOSSA TERRA

ENTÃO, QUAIS SÃO OS PROBLEMAS que você enfrenta hoje? Que ansiedades estão tirando o seu sono? Quais aflições estão cobrindo a sua face com lágrimas? Entenda o seguinte: Deus recolhe e guarda as suas lágrimas. Ele registra todas as suas experiências em Seu diário celestial para garantir que nada será esquecido.

Não importa a situação que você estiver enfrentando hoje, *pode* confiar que Deus cuida de você. Ele sabe… e Ele se importa.

DIA 13

O peregrino agradecido
Salmo 84

Converse com indivíduos que tenham viajado à Terra Santa, e você provavelmente escutará alguns temas recorrentes. "A viagem fez a Bíblia tornar-se viva." "Eu me senti como se estivesse em casa." "Experimentei uma proximidade de Deus." "Estar lá me ajudou a crescer espiritualmente."

Aqueles que já visitaram Israel têm dificuldade para colocar suas emoções e seus pensamentos em palavras quando voltam. A viagem exerce um profundo impacto espiritual que a maioria das pessoas acha difícil descrever. Talvez, seja por isso que Deus colocou o Salmo 84 no inspirado livro de músicas de Israel. Trata-se da canção do peregrino grato, um cântico que

Trilha de caminhada na Reserva Natural de Banias

procura colocar em palavras o impacto espiritual de tal visita. Assim sendo, sentemos com o anônimo autor para ouvir sobre a sua "experiência na Terra Santa".

Não sabemos de onde era o salmista, embora possamos presumir que ele vivesse em alguma parte da terra de Israel. Contudo, definitivamente sabemos para onde ele queria ir. Ele tinha o coração voltado para visitar o Templo de Jerusalém! Talvez, estivesse viajando em uma das três peregrinações anuais. Porém, seja qual for o motivo específico, a alma dele "suspira e desfalece pelos átrios do SENHOR" (Sl 84:2).

No entanto, o que houve nessa viagem para exercer um impacto tão profundo sobre o nosso peregrino? Bom, ele sabe instintivamente que a jornada está relacionada de forma especial ao Deus que ele ama. Não foram somente as construções de templos belíssimos que o atraíram a Jerusalém. Na realidade, ele nem sequer a descreve como a "casa" de Deus. Em vez disso, a palavra usada pelo salmista é o termo "tenda" ou "tabernáculo". Não se trata das construções, mas do Deus que habita nelas que torna a jornada tão especial.

O autor procura maneiras de descrever seu intenso desejo de visitar este lugar tão intimamente vinculado a Deus. Ele pensa nas pessoas privilegiadas que passaram algum tempo no Templo. Desde as "andorinhas" pequeninas fazendo ninhos no alto dos abrigos do pátio até os sacerdotes ministrando nos altares, "Bem-aventurados os que habitam em tua casa" (v.4).

Começando no versículo 5, o salmista se volta para as bênçãos reservadas ao peregrino "em cujo coração se encontram os caminhos aplanados". Os caminhos que ele tem em mente são aqueles que levam para o Templo de Deus em Jerusalém. E é nesse ponto que o escritor oferece a ilustração mais vívida do impacto que a viagem teve sobre a vida do peregrino. Embora seja triste, a verdade é que a maioria das pessoas não percebe o que ele está dizendo. Então, desaceleremos e olhemos com atenção a descrição da jornada.

O versículo 6 diz: "o qual, passando pelo vale de Baca, faz dele uma fonte" (ARC). Mas onde se localiza o vale de Baca, e como os peregrinos fazem dele um lugar de fontes? Não existe um vale específico na Bíblia ou na Terra Santa chamado Baca. Usado como um nome, a palavra *baca* se referia à árvore de bálsamo, aquela que produzia o "bálsamo de Gileade" mencionado na Bíblia. A árvore de bálsamo "pingava" ou "gotejava" uma resina que era coletada e usada para produzir o bálsamo da cura. Como resultado, quando a palavra *baca* é usada como verbo, ela significa chorar, prantear ou lamentar.

Ao invés de identificar um local físico específico, o salmista provavelmente está descrevendo o *impacto emocional* de sua peregrinação. A viagem a Jerusalém substituiu sua tristeza e dor, representadas pelo "vale de Baca", por um "lugar de fontes". A água aqui é o símbolo da vida, da abundância e finalmente da alegria. Para que entendamos, ele imediatamente adiciona que "de bênçãos o cobre a primeira chuva". A "primeira chuva" era parte da bênção prometida a Israel por Deus em Deuteronômio 11. Deus está derramando Suas bênçãos sobre o peregrino enquanto ele se dirige à casa do Senhor em Jerusalém.

A viagem a Jerusalém era fisicamente exaustiva. Era uma caminhada longa e cansativa para os peregrinos do Antigo Testamento, e de certa forma ainda o é para os viajantes de hoje. Contudo, em vez de se cansar da viagem, o peregrino caminhava "de força em força" (v.7). Este viajante descobriu um poder desconhecido e inexplicável que o sustentava e o mantinha fortalecido enquanto ele viajava para estar perante Deus em Sião.

A viagem também teve um *impacto espiritual* sobre o peregrino, e o salmista termina com uma oração a Deus (vv.8-12), a quem ele se dirige como "Deus dos Exércitos" (v.8) ou o Deus dos poderosos exércitos celestiais. Enquanto ele pede que Deus proteja o rei, que ele descreve como o "escudo" de Israel e o "ungido" de Deus (v.9), ele reconhece depois que, no fim das contas, Deus é o "sol e escudo" de Israel (v.11). A viagem reafirmou a confiança do peregrino no seu Deus.

Qual é a importância do impacto desta jornada sobre o peregrino? "Pois um dia nos teus átrios vale mais que mil" (v.10). Muitas vezes, eu digo às pessoas que uma viagem de duas semanas a Israel é equivalente a passar um ano na faculdade de Teologia ou no seminário, mas parece que eu ainda estou diminuindo demais seu valor! Como o salmista descreve, *um único dia* vale mais do "que mil" em qualquer outro lugar.

Mas de que modo isso pode ser verdadeiro? O salmista parece prover uma resposta ao chegar próximo ao fim do cântico. Na realidade, eu gosto da tradução do versículo 10 da versão Almeida Revista e Corrigida: "Preferiria estar à porta da Casa do meu Deus, a habitar nas tendas da impiedade". A posição mais humilde servindo a Deus em Jerusalém era mais desejável do que passar algum tempo vivendo "nas tendas da impiedade" ou em lugares de satisfação pessoal irrefreável. O ditado que diz "O que acontece em Vegas fica em Vegas" pode ser verdadeiro para alguns, mas o que acontece com uma pessoa em Israel exerce impacto sobre a vida dessa pessoa para sempre! E isso acontece porque o Deus que encontramos durante a nossa peregrinação é o Deus que "dá graça e glória"; é o Deus que "nenhum bem sonega aos que andam retamente" (v.11).

CAMINHANDO POR NOSSA TERRA

AO VOLTARMOS, pensemos nas lições que a nossa peregrinação especial nos ensina. Uma jornada para a Terra Santa oferece nova perspectiva e discernimento em relação ao Deus que amamos e nos ajuda a entender mais claramente a vida a partir da perspectiva divina. Podemos começar nossa jornada carregando um fardo pesado de preocupação e dor, mas, ao longo do caminho, Deus substitui nossos sentimentos de tristeza por lágrimas de alegria, de alguma forma. Ele provê força física e bênçãos espirituais.

Durante a jornada, passamos a compreender o que é verdadeiramente importante, valioso e duradouro na vida. Quando começamos, sabíamos que Deus é onipotente, mas descobrimos que Ele é o *nosso* escudo. Sabíamos que é onipresente, mas percebemos que Ele escolheu agir de forma especial nesta parte singular do mundo. Sabíamos que Ele é onisciente, mas nos descobrimos olhando para a Sua face e aprendendo mais sobre Ele ao caminhar pela terra onde Ele revelou tanto sobre si mesmo. Deus não mudou durante a nossa jornada, mas Ele *realmente* nos transformou. Como resultado disso, *jamais* seremos os mesmos!

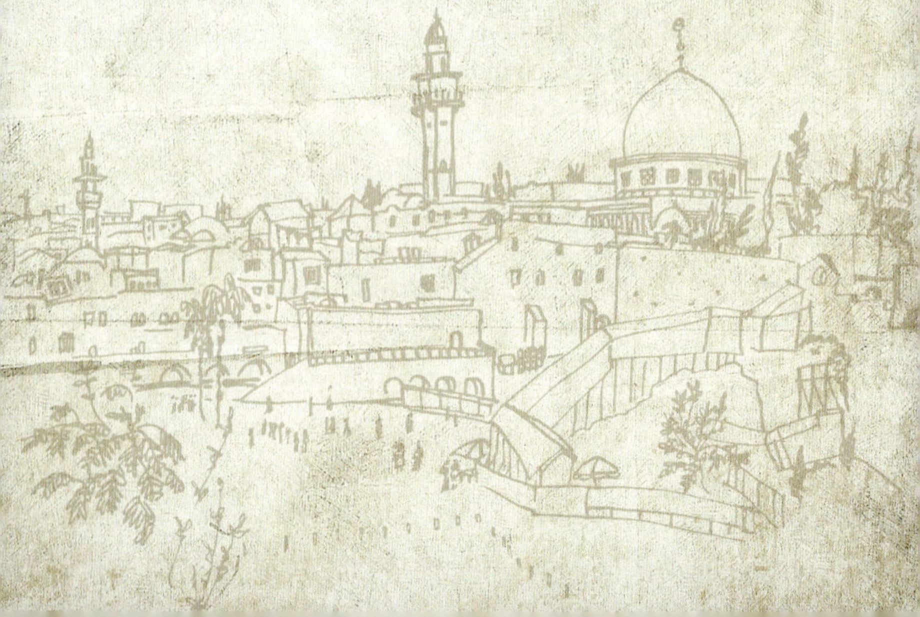

DIA 14

Um cântico do deserto

Salmo 90

Jamais esquecerei da nossa viagem de três dias pelo deserto durante minha primeira ida a Israel. Essa viagem foi concluída ao final da segunda semana de um passeio de estudos de três semanas. O grupo todo estava física e emocionalmente exausto. Mais tarde, numa tarde de domingo, finalmente dirigimos para a cidade de Arad, situada na margem do deserto da Judeia.

No dia anterior, um dos membros da faculdade presente na viagem recebeu um telefonema dizendo-lhe que sua filha adulta havia falecido. A morte dela não fora inesperada, porque ela vinha travando uma batalha perdida contra o câncer. Porém, a desolação do ambiente onde estávamos se misturou com o sofrimento e a perda que todos nós sentíamos por causa deste professor e da família dele.

Antes de sair do hotel naquela noite, paramos fora da cidade para fazer um culto de adoração informal. Wayne, o professor que acabara de perder a filha, estava agendado para falar. Perguntamos se ele queria que alguém falasse em seu lugar, mas ele sentiu que Deus desejava que ele compartilhasse o que estava em seu coração.

Estou feliz por isso, pois o que ele compartilhou conosco foi uma das mensagens mais poderosas que já ouvi, muito mais poderosa por causa do local e das circunstâncias.

Enquanto estávamos sentados no chão com a Bíblia aberta, o sol se punha no horizonte. Mil sombras saíam dos lugares onde estavam escondidas durante o dia, e a ação da luz e da escuridão acentuava cada colina serpenteante e vales no deserto que nos cercava. As colinas assumiam um suave brilho dourado e bronzeado que assinalava a aproximação da noite. Uma brisa fresca soprava às nossas costas, secando o suor e trazendo um leve arrepio.

Com o deserto como cenário, Wayne abriu sua Bíblia no Salmo 90, o mais antigo dos salmos. O Salmo 90 foi escrito pelo primeiro grande líder de Israel, uma canção criada para ser cantada, supostamente, num tom menor.

Enquanto Wayne lia o salmo em voz alta, eu contemplava os montes áridos e imaginava Moisés sentado, com a caneta na mão, fora de sua tenda num deserto muito parecido com aquele que estava à nossa frente. Talvez, ele pudesse ouvir a distância o choro baixo de uma família que voltava para o acampamento depois de sepultar outro ente querido. Moisés estava liderando uma nação presa a uma lista de espera, aguardando o perecimento de toda uma geração antes que Deus os deixasse seguir adiante.

Você pode quase sentir o cheiro da areia do deserto em cada versículo do Salmo 90. O salmo contém as reflexões melancólicas de um líder condenado a ver uma geração inteira morrer por causa da desobediência. No início, Moisés está olhando provavelmente para a paisagem intensa e imutável que o fazia lembrar da eternidade de Deus. "Antes que os montes nascessem e se formassem a terra e o mundo, de eternidade a eternidade, tu és Deus" (v.2).

Moisés começa enfatizando o fato de que Deus é eterno, mas, nos versículos 3 a 6, ele observa com tristeza que a criação não o

Vista para o deserto

é. E, nestes versículos, Moisés volta o olhar para as pessoas que o cercam. A humanidade foi o apogeu da criação de Deus, mas os humanos ainda eram seres finitos e mortais que, segundo Moisés registra solenemente, estão destinados a voltar "ao pó" (v.3), exatamente como Deus disse a Adão.

Nestes versículos, Moisés compara a chegada inesperada da morte com uma tempestade mortífera enviando uma parede de água para o cânion do deserto e varrendo tudo em seu caminho. Daquele mesmo jeito súbito e repentino, Deus arrastaria os homens, que "são como um sono" (v.5 ARC). Ou, comparando a brevidade da vida com a "relva que floresce de madrugada" durante as chuvas de inverno, Moisés viu o tempo de uma vida toda brotando pela manhã apenas para partir à noite.

Deus é eterno, mas nós não somos. Tendo redigido o livro de Gênesis, Moisés sabia que a morte era resultado do juízo de Deus sobre o pecado e a desobediência humana — desde a desobediência de Adão até os pecados dos filhos de Israel no deserto. E, nos versículos 7 a 10, Moisés lembra este fato a seus leitores. A morte *é* o juízo de Deus pelo pecado. "Diante de ti puseste as nossas iniquidades e, sob a luz do teu rosto, os nossos pecados ocultos" (v.8).

Quanto tempo ficamos aqui na Terra? Moisés concede a resposta no versículo 10. "Os dias da nossa vida sobem a setenta anos ou, em havendo vigor, a oitenta; neste caso, o melhor deles é canseira e enfado, porque tudo passa rapidamente, e nós voamos". A vida é curta. O tempo passa, e terminamos "como um murmúrio" (v.9 NVI). A vida de fato é tão fugaz — e, muitas vezes, tão triste — como um murmúrio pesaroso.

Conforme observamos antes, este salmo supostamente deveria ser cantado em tom menor. Mas não foi planejado para ser uma reflexão pungente da futilidade da vida. Definitivamente não! Moisés deu uma olhada realista na vida para nos ajudar a entender sua verdadeira essência. Ele dividiu a existência humana em seus componentes essenciais — vida, morte e o Deus da eternidade.

O versículo 12 é o ponto decisivo do salmo. "Ensina-nos a contar os nossos dias, para que alcancemos coração sábio." Compreender a brevidade da vida nos ajuda a perceber a importância da sabedoria eterna de Deus. Precisamos adquirir Sua perspectiva sobre o que é realmente importante, Sua perspectiva sobre o que é verdadeiramente valioso e Sua perspectiva sobre o que realmente é eterno.

Moisés conclui seu salmo com três lições do deserto que podem ajudar-nos a adquirir a essência da sabedoria. Primeiro, nos versículos 14 e 15, ele nos lembra da nossa necessidade de buscar a Deus e à Sua *misericórdia*. "Sacia-nos de manhã com a tua benignidade, para que cantemos de júbilo e nos alegremos todos os nossos dias." Toda manhã no deserto, Israel experimentava um lembrete visível do amor incansável de Deus — o maná. Durante 40 anos, eles tiveram uma lição objetiva sobre o que Jesus nos orientou a orar em Mateus: "o pão nosso de cada dia dá-nos hoje" (6:11). Moisés está nos dizendo que podemos ter alegria na vida ao observar os atos de compaixão e amor incansável de Deus, até mesmo em meio às dificuldades da vida.

Segundo, no versículo 16, Moisés lembra os seus leitores que deve prestar atenção na *majestade* de Deus. "Aos teus servos apareçam as tuas obras, e a seus filhos, a tua glória." O deserto era um lugar de sofrimento e provação, mas também era um lugar onde os fiéis descobriam o Deus de esplendor que responde às orações e supre as necessidades — desde a nuvem de dia e a coluna de fogo à noite para guiar até o alimento e a água necessários para sustentar a vida e a proteção dos seus inimigos. Quando nossa necessidade é grande, então descobrimos que Sua graça inigualável é ainda maior.

Finalmente, Moisés encoraja o povo a lembrar-se do *ministério de Deus*. Ele encerra o poema repetindo duas vezes o mesmo pedido: "confirma sobre nós as obras das nossas mãos; sim, confirma a obra das nossas mãos" (v.17). A maior parte das pessoas quer fazer algo que dê significado à sua vida. Elas lutam por importância, por algo que leve além seu breve tempo de vida sobre a Terra. Mas tais esforços são fúteis, a menos que Deus dê valor eterno a tais realizações.

Um devocional sobre a Terra Santa

CAMINHANDO POR NOSSA TERRA

O QUE É NECESSÁRIO para transformar os cristãos casuais em seguidores apaixonados de Cristo cuja vida tenha um impacto eterno sobre o mundo deles? Em última análise, essa é a verdade encontrada no Salmo 90. A vida que levamos na Terra é fugaz e termina em morte. Deus quer que vivamos o nosso tempo aqui com os olhos focados nele — e na vida eterna.

O missionário britânico C. T. Studd captou a essência do Salmo 90 num poema que ele intitulou: "Só uma vida".

Certo dia, ocupado em minhas andanças,
Ouvi duas curtas sentenças
Que convenceram meu coração
E que não mais sairiam de minha razão:
"A vida é uma só e logo passará,
Somente o que se faz por Cristo permanecerá".

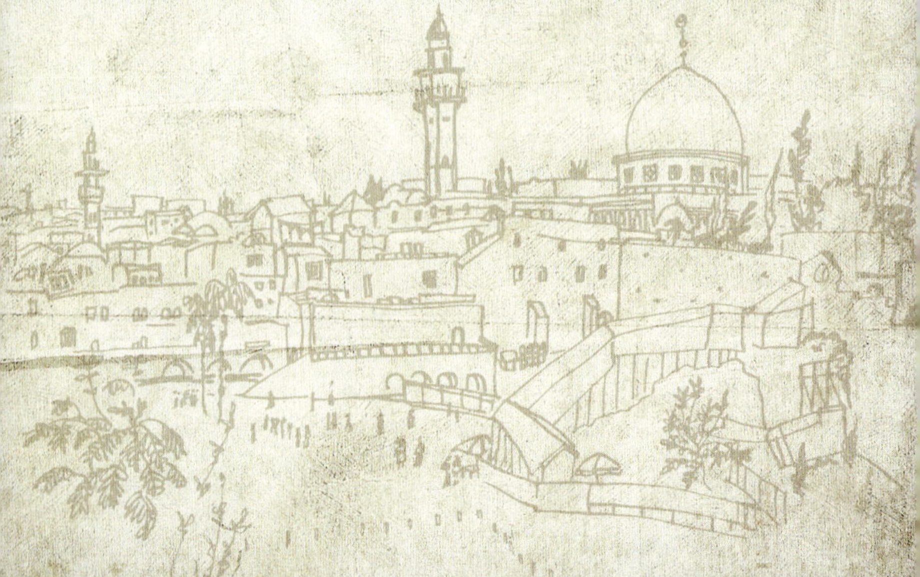

DIA 15

Debaixo de Suas asas

Salmo 91

Com frequência me perguntam se eu já senti medo ao viajar por Israel, e minha resposta sempre é: "De jeito nenhum!". É surpreendente como eu sempre me senti em segurança todas as vezes em que estive lá.

Bom, houve uma vez em que o nosso motorista se perdeu, e acabamos numa aldeia onde de fato não deveríamos ter ido. Mas nada aconteceu. Também me lembro de me sentir pouco à vontade, certa vez, enquanto atravessávamos a antiga cidade de Jerusalém tarde da noite. No entanto, mais uma vez ficou claro que não havia nada a temer.

A única vez em que *fiquei* verdadeiramente preocupado aconteceu numa caminhada pelo mesmo deserto retratado nas próximas páginas deste capítulo. Foi durante um passeio com estudantes num dia quente de verão. O sol estava implacável, a caminhada era difícil, e eu já havia bebido toda a água dos meus cantis. Lembro-me da exaustão que senti e o quanto desejei apenas duas coisas — algo gelado para beber e uma sombra para descansar! Durante aproximadamente uma hora, minha vida se reduziu a esses dois fundamentos!

Se você já experimentou exaustão física e sede extrema, então pode apreciar o Salmo 91, um salmo que enfatiza a segurança que Deus oferece àqueles que nele confiam. Para ajudar a compreender o salmo, olhemos primeiramente o panorama total, e depois olharemos os detalhes específicos com mais atenção.

As sombras da noite aparecem no vasto e árido deserto da Judeia

O salmo pode ser dividido em duas ou três seções, e cada uma dessas divisões pode ser útil. Quando o dividimos em dois segmentos de oito versículos, podemos ver alguns paralelos incríveis. Cada parte começa com dois versículos de afirmação, prometendo segurança àqueles que se refugiam em Deus. E, em ambas as seções, o salmista promete a proteção de Deus de dois inimigos específicos.

Porém, o salmo também pode ser dividido em três partes conforme o sujeito. Nos versículos 1 e 2, o salmista fala sobre si mesmo: "diz ao SENHOR". Depois, nos versículos 3 até o 13, ele se concentra nos ouvintes: "Pois ele te livrará […] Cobrir-te-á […] Não te assustarás…" (vv.3-5). Nos três últimos versículos, quem faz o discurso é Deus: "Porque a mim se apegou com amor, eu o livrarei" (v.14).

Em qualquer uma das divisões do Salmo 91, o foco é a segurança concedida por Deus àqueles que nele confiam. "O que habita no esconderijo do Altíssimo e descansa à sombra do Onipotente" (v.1). Aqueles que buscam refúgio em Deus encontram o abrigo e a proteção que procuram. No versículo 2, o salmista afirma sua própria verdade pessoal em Deus. O Senhor "é o meu Deus, o meu refúgio, a minha fortaleza, e nele confiarei" (ARC). A palavra que ele usa para fortaleza é *metsudah*, Massada, o nome dado posteriormente à fortaleza que Herodes, o grande, edificou no deserto próximo ao mar Morto (reveja nossa visita a Massada no Dia 3). A Massada de Herodes caiu sob os romanos, mas a *metsudah* de Deus jamais falhará ou cairá!

Em seguida, o salmista usa duas metáforas para descrever como Deus nos protege de dois tipos de inimigos. Os primeiros são os inimigos humanos. O "laço do passarinheiro" e a "seta", nos versículos 3 a 5, eles referem-se a ameaças lançadas contra nós por outras pessoas. Porém, um perigo ainda maior, especialmente nos tempos do Antigo Testamento, era a "peste" (v.6). Este termo se refere à praga e à doença, inimigos invisíveis que poderiam aparentemente atacar ao acaso e sem aviso. Lembrando a seus leitores da proteção que Deus fornece, o autor enfatiza que Deus nunca tira folga. Ele protegerá do "terror noturno" ou da "seta que voa de dia [...] da peste que se propaga nas trevas [...] da mortandade que assola ao meio-dia" (vv.5,6). Seja de dia, ou de noite, Deus protege Seus seguidores.

Na segunda metade do salmo, o escritor mostra Deus concedendo aos Seus seguidores vitória sobre os inimigos mais mortais, representados pelo leão e pela serpente. "Pisarás o leão e a áspide, calcarás aos pés o leãozinho e a serpente" (v.13).

Nada lhe fará mal, e nenhum inimigo poderá derrotá-lo. Essas são promessas incríveis. Mas será que são verdadeiras? O que dizer sobre o cristão que luta contra o câncer? O que dizer sobre os seguidores de Cristo que são perseguidos no Oriente Médio e em outras partes do mundo? Este salmo é uma promessa firme de Deus, garantindo felicidade e prosperidade a todos os Seus seguidores?

Evidentemente, Satanás pensou que poderia enganar Jesus ao sugerir que este fosse o caso. Quando ele estava tentando Jesus no deserto, Satanás o levou até o pináculo do Templo e tentou induzir Jesus a lançar-se de lá citando este mesmo salmo: "Porque aos seus anjos dará ordens a teu respeito, para que te guardem em todos os teus caminhos. Eles te sustentarão nas suas mãos, para não tropeçares nalguma pedra" (vv.11,12, citados por Satanás em Mateus 4:5,6).

Jesus se recusou a cair na armadilha de Satanás. Saltar deliberadamente equivaleria a exigir que Deus Pai o servisse, e não o contrário. Colocando a situação numa metáfora moderna, Deus pode ser nosso *airbag* celestial — nosso protetor —, mas isso não nos dá o direito de deliberadamente avançarmos com o carro na direção de uma árvore!

Porém, permita-me até ser mais claro. Esta passagem não é uma apólice de seguro celestial garantindo que jamais teremos problemas ou dificuldades. Em vez disso, é uma promessa de que, quando enfrentarmos esses momentos, teremos um abrigo, um refúgio (v.2), uma fortaleza (v.2), um escudo (v.4), um baluarte (v.4) — em resumo, o Deus em quem podemos confiar. Ou, minha imagem favorita, você tem o protetor amoroso que, como um anjo, "o cobrirá com as suas penas, e sob as suas asas você encontrará refúgio" (v.4).

CAMINHANDO POR NOSSA TERRA

DÊ UMA ÚLTIMA OLHADA para o deserto. Ele é definitivamente um lugar de sofrimento e provação na Bíblia. Talvez você esteja enfrentando seu próprio deserto espiritual neste momento. Se este for o caso, lembre-se das promessas reconfortantes de Deus no Salmo 91. Ser um membro de carteirinha da raça humana é enfrentar problemas e dificuldades. Contudo, o mesmo deserto também é o lugar onde Deus o espera para colocá-lo sob Suas asas a fim de o abrigar e proteger.

Baseado parcialmente no Salmo 91, o hino de William Cushing, *Sob Suas asas*, lembra-nos de que somos "abrigados, protegidos". Aqui estão as palavras do versículo 1; seja grato por estas verdades sobre o nosso Pai celestial:

Sob as Suas asas descanso em segurança,
Inda que a noite escureça e a tempestade se fortaleça
Posso confiar nele; sei que de mim cuidará,
Sou seu filho e Ele me salvará.

DIA 16

Receitas para o Dia de Ação de Graças

Salmo 96

O Dia de Ação de Graças [N.T.: comemorado nos Estados Unidos.] é a Copa do Mundo de refeições festivas! É o momento de comer peru assado, tortas e múltiplas variedades de batatas com molho de carne caseiro e todas as outras saladas especiais e acompanhamentos que tornam o dia um banquete familiar. A maioria das pessoas concorda que o Dia de Ação de Graças é um dia em que podemos abusar.

Parece que toda família tem suas próprias receitas tradicionais que tornam essa data especial. Meu prato predileto era a torta de abóbora da minha mãe, uma receita que minha esposa também domina. Não é muito suave nem muito picante. Em cada domicílio, ela é diferente, mas quase todo mundo tem aquelas receitas especiais que fazem parte das lembranças do Dia de Ação de Graças.

Hoje, eu gostaria de oferecer minha própria e exclusiva receita para ajudá-lo a tornar seu próximo Dia de Ação de Graças especial. Não importa quais possam ser suas tradições familiares, porque esta receita se encaixará perfeitamente no seu momento de celebração. E a melhor parte é que não envolve descascar, fatiar, cortar em cubos, assar, ferver ou grelhar. Não há mais potes ou panelas para serem lavados depois. E além disso tudo, não tem calorias!

Então, que receita incrível é essa? Na realidade, é uma receita na qual *todo* dia deve se fundamentar — uma receita para dar graças a Deus.

Em meio a todos os preparos, ao momento da refeição, à limpeza e à hora de assistir aos programas na TV, a única coisa que parece estar sendo suprimida pelas muitas celebrações é o motivo pelo qual este dia foi originalmente criado — dar graças a Deus.

Sabemos que o primeiro Dia de Ação de Graças foi celebrado pelos peregrinos em 1621, mas poucos se dão conta de que o primeiro feriado "oficial" de Ação de Graças foi proclamado pelo presidente George Washington em 1789, durante o primeiro ano de seu mandato.

Ele anunciou que a quinta-feira, 26 de novembro de 1789, deveria ser separada como "um dia público de Ação de Graças e

Oração... a ser observado, reconhecendo, com o coração agradecido, os muitos favores do Deus Altíssimo".

Quase 3.000 anos antes, o rei Davi, o líder de Israel, emitiu sua própria proclamação de ação de graças. Ela se encontra no Salmo 96 e contém a receita original para a ação de graças que eu quero compartilhar com você hoje.

Uma vez que o salmo não identifica o seu autor, como sabemos que foi escrito pelo rei Davi? A resposta se encontra em 1 Crônicas 16. Essa passagem contém uma versão expandida do Salmo 96. Começa com as seguintes palavras: "Foi naquele dia que, pela primeira vez, Davi encarregou Asafe e seus parentes de louvarem o SENHOR com salmos de gratidão" (v.7). Davi ordenou que os cantores do templo louvassem ao Senhor com canções de ação de graças, e ele lhes deu o primeiro hino de ação de graças que deveriam entoar. Esse hino, de uma forma

Um grupo de crianças orando no Muro Ocidental de Jerusalém

levemente modificada, chegou ao livro de cânticos nacional de Israel como o Salmo 96.

Então, qual é a receita para a ação de graças compartilhada, pela primeira vez, pelo rei Davi há 3.000 anos? A receita contém três partes, e em cada uma delas há um ingrediente especial. Observemos essa receita cuidadosamente.

Davi começa nos versículos 1 a 4, dizendo que, primeiro, precisamos agradecer a Deus por *quem Ele é*. Ele convoca Israel todo a cantar "ao SENHOR um cântico novo, cantai ao SENHOR, todas as terras". Devemos bendizer "o seu nome" e anunciar "entre as nações a sua glória". Mas por que devemos fazer isso? "Porque grande é o SENHOR e mui digno de ser louvado."

Muitas vezes, pensamos que a vida tem a ver principalmente conosco. Davi começa lembrando a seus leitores de que a vida, na verdade, diz respeito a Deus. Devemos dar graças a Deus pela simples razão de que Ele merece o nosso louvor. O *Breve Catecismo de Westminster* coloca a questão dessa maneira: "O fim principal do homem é glorificar a Deus, e encontrar prazer nele para sempre". Este ingrediente da ação de graças ajuda a eliminar nossa miopia, fazendo-nos lembrar de que o foco é Deus — e devemos agradecer-lhe por quem Ele é.

Davi acrescenta, então, o segundo ingrediente principal, e é provavelmente um dos ingredientes com os quais mais temos familiaridade. Ele convoca seus leitores a dar graças não apenas por quem Deus é, mas também *pelo que Deus está fazendo*. Usando a repetição para enfatizar seu ponto de vista, Davi encoraja os ouvintes a dar graças a Deus por Sua contínua obra em nosso favor. "Tributai ao SENHOR, ó famílias dos povos, tributai ao SENHOR glória e força. Tributai ao SENHOR a glória devida ao seu nome; trazei oferendas e entrai nos seus átrios. Adorai o SENHOR na beleza da sua santidade; tremei diante dele, todas as terras. Dizei entre as nações: Reina o SENHOR. Ele firmou o mundo para que não se abale" (vv.7-10).

Hoje em dia, parece que estamos cercados por sinais de instabilidade. Muitas coisas nas quais colocamos a nossa confiança durante anos hoje parecem bastante estremecidas. É difícil pensar em bancos e governos como "rochas sólidas". Especialistas em abalos sísmicos afirmam que até mesmo a rotação da Terra foi modificada pelo terremoto que atingiu o Japão alguns anos atrás.

Porém, Davi diz que podemos dar graças, porque o nosso Deus *não* muda. Seu controle sobre a criação é tão firme hoje quanto o era no momento em que Ele a formou. Até mesmo quando as coisas ao nosso redor parecem caóticas, podemos dar graças a Deus pela realidade de que Ele ainda está assentado no trono celestial — e ainda governa sobre a Sua criação.

Agora, algumas pessoas podem fazer uma objeção aqui. Se Deus está no controle, perguntam, por que vemos tanto caos e tamanha desordem em nosso mundo? Parte da resposta está em compreender as forças espirituais que agem ao nosso redor que procuram opor-se a Deus e aos Seus planos. Ainda assim, até mesmo estas forças têm limites determinados pelo próprio Deus — limites a respeito do que podem fazer e limites acerca do tempo pelo qual terão permissão para prosseguir.

Depois de agradecer a Deus por quem Ele é e pelo que Ele está fazendo, adicionemos o terceiro ingrediente à nossa receita de Ação de Graças: *o que Ele fará no futuro*. Davi termina seu salmo lembrando aos leitores que Deus já tem um futuro planejado para a Sua criação. Saber que este futuro é certo nos permite dar graças até mesmo quando ainda não vimos o resultado visível. Davi afirma essa questão da seguinte forma:

Ele julgará "os povos com equidade. Alegrem-se os céus, e a terra exulte; ruja o mar e a sua plenitude. Folgue o campo e tudo o que nele há; regozijem-se todas as árvores do bosque, na presença do SENHOR, porque vem, vem julgar a terra; julgará o mundo com justiça e os povos, consoante a sua fidelidade" (vv.10-13).

Esta receita de três partes é motivo suficiente para dar graças ao nosso Senhor diariamente.

Um devocional sobre a Terra Santa

CAMINHANDO POR NOSSA TERRA

PODEMOS SER GRATOS HOJE — e em qualquer outro dia —, porque sabemos o fim da história. Já lemos o último capítulo do Livro! O Apocalipse nos diz que Jesus está voltando para reinar como Rei dos reis e Senhor dos senhores. Deus reverterá a trajetória desta Terra, enxugará toda lágrima dos nossos olhos e recompensará a fidelidade de Seus seguidores. E vale a pena se entusiasmar com isso!

Em nosso próximo Dia de Ação de Graças, antes de mergulhar em montanhas de purê de batata, nas tigelas de molho e no monte de peru, faça uma pausa e agradeça a Deus. Mas não lhe agradeça *apenas* pela comida que está à sua frente, pela família e pelos amigos, por mais especial que tudo isso seja. Em vez disso, comece agradecendo a Deus por ser o Deus do Universo. E depois lhe agradeça por Seu controle sobre todas as coisas na criação, mesmo quando não podemos compreender completamente tudo o que está acontecendo. Finalmente, agradeça-lhe pelo fato de Jesus estar voltando. E, depois de dar graças pelo alimento, pela família e pelos amigos, conclua sua oração de ação de graças do mesmo jeito que o apóstolo João concluiu o livro de Apocalipse. "Amém. Vem, Senhor Jesus."

Pensando nisso, porque esperar até o Dia de Ação de Graças? Por que não lhe render graças hoje?

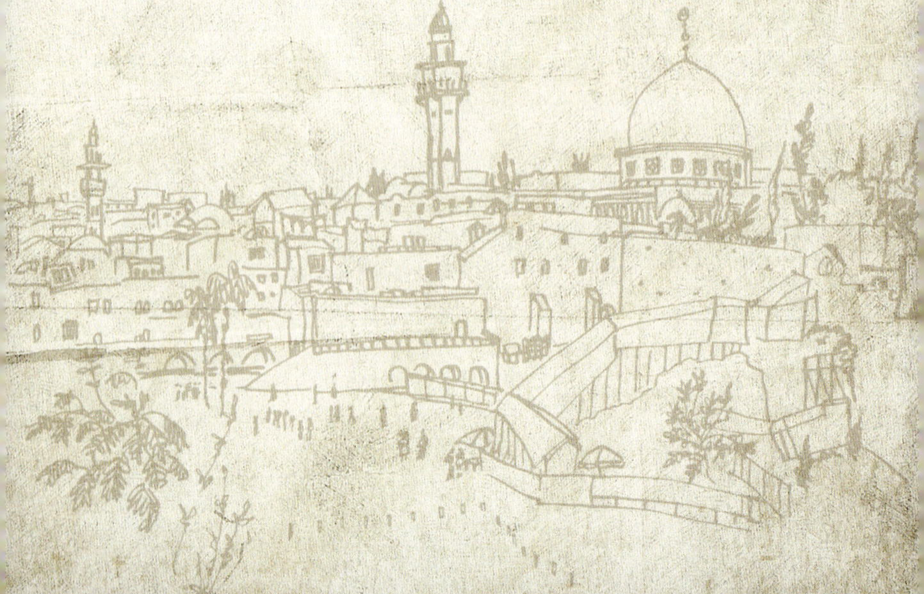

DIA 17

O "antigo centésimo"

Salmo 100

O salmo de ação de graças de ontem trouxe à tona a visão, os sons e os aromas do tradicional feriado do Dia de Ação de Graças; o salmo de hoje continua com o nosso tema de gratidão. Para os cristãos, qualquer dia deveria ser um bom dia para cantar a Doxologia:

A Deus, supremo benfeitor;
Vós, anjos e homens, dai louvor;
A Deus o Filho, a Deus o Pai
A Deus Espírito, glória dai. Amém.

Ao ler essas palavras, talvez você consiga até ouvir a melodia da Doxologia em sua mente. A música tem origem na melodia de um hino conhecido como "Old Hundredth" ("Antigo Centésimo"). Parece um título incomum para uma melodia até você perceber que a harmonia recebeu seu nome como resultado do vínculo com o salmo que estamos abordando hoje: o Salmo 100. A melodia foi escrita no início do século 16, e as palavras que cantamos hoje foram compostas por um sacerdote da Igreja da Inglaterra em 1674.

O Salmo 100 é anônimo e escrito com a intenção de agradecer a Deus. Depois do salmo de ação de graças de ontem, parece apropriado fazer uma pausa e refletir sobre as formas e as razões que são apresentadas no Salmo 100 para dar graças — o *original* "antigo centésimo". O salmo é curto, apenas cinco versículos. Porém, à semelhança da Doxologia, ele reúne muitas verdades num pequeno espaço. Na verdade, ele tem duas estrofes. Os versos 1 a 3 formam a primeira estrofe, e os versículos 4 e 5 formam a segunda. Em cada estrofe, o salmista primeiramente nos diz *como* dar graças e, depois, ele nos diz *por que* dar graças.

A epígrafe do salmo é muito direta: "Salmo de ação de graças". A palavra hebraica para "ação de graças" é *todah*. Trata-se de uma das palavras hebraicas que toda pessoa que viaja para Israel deve aprender. Quando um membro da equipe enche a garrafa de água na mesa ou alguém segura a porta aberta, é apropriado lhe dizer *todah* — "Obrigado". Em essência, a epígrafe diz que este é um salmo para dizer obrigado a Deus.

O salmo começa ordenando toda a Terra e celebrar "com júbilo ao SENHOR". A expressão "com júbilo" não está explicitamente

Porta de Sião, um dos oito portões nos muros que cercam Jerusalém

presente no texto hebraico, mas, aqui, celebrar transmite a ideia de celebrar com júbilo, com alegria ou com triunfo. É um grito de vitória. "Uhul! É isso aí! Conseguimos!" É o júbilo que sentimos quando o nosso time marca o gol da vitória; a sensação de alegria e entusiasmo que nos faz pular e gritar de alegria. É dessa maneira que o autor começa este salmo.

O salmista então reduz essa sensação de entusiasmo a um foco de luz. Ele convoca seus leitores a servir "ao SENHOR com alegria". A palavra "servir" na realidade tem origem no termo que significa trabalhar ou labutar. A imagem aqui me lembra de Jacó barganhando com Labão para servir por Raquel durante sete anos. Ele fez o trabalho, mas "estes [sete anos] lhe pareceram como poucos dias, pelo muito que a amava" (Gn 29:20). Não apenas gritamos triunfantes, mas também servimos com alegria.

O "serviço" que o salmista tem em mente é, bem provavelmente, a reunião de Israel no Templo de Jerusalém para adorar a Deus. Quando peregrinavam até a cidade de Jerusalém, as pessoas não deveriam ver a jornada como um fardo ou algum tipo de sofrimento. Exigia esforço, mas era um trabalho de amor e alegria. Isto pode ser visto na descrição do autor sobre os israelitas entoando uma canção e expressando sua sincera adoração a Deus: "apresentai-vos diante dele com cântico" (v.2).

É *dessa maneira* que devemos dar graças a Deus. Mas *por que* devemos fazê-lo? O salmista conclui a primeira estrofe explicando por que Deus merece nossa ação de graças. Ele merece todo louvor porque Ele é nosso *Criador* e nosso *Sustentador*. Como Criador, Ele nos formou, e isso também lhe dá o direito de posse sobre nós. Contudo, Ele não é algum tipo de soberano perverso que controla brutalmente os Seus bens. O salmista, em vez disso, usa a imagem de um pastor com seu rebanho. Deus é o pastor amoroso que cuida do "rebanho do seu pastoreio" (v.3). Ele é nosso dono, mas, como tal, ele é o Bom Pastor do Salmo 23, que nos protege e nos mostra compaixão (veja o Dia 6).

Na segunda estrofe, o salmista repete os dois mesmos temas. De que maneira devemos adorar a Deus? Devemos entrar "por suas portas com ações de graças e nos seus átrios, com hinos de louvor" e "render-lhe graças" e "bendizer-lhe o nome" (v.4). Não podemos conceder bênção alguma a Deus; então, o que significa "bendizer o Seu nome"? Bendizemos a Deus expressando nossa gratidão e apreço. Quando Deus é o objeto, a palavra hebraica para bendizer pode ser traduzida melhor como "louvar". O salmista convoca o povo a entrar na casa de Deus expressando profunda gratidão e louvor irrestrito.

Porém, se essa é a maneira *como* devemos agradecer a Deus, *por que* é tão importante fazê-lo? O salmista afirma que é importante render graças a Deus, não apenas por causa do que Ele tem feito, mas também por causa de quem Ele é. "Porque o SENHOR é bom" (v.5). O termo hebraico para bom é *tov*, o qual resume a bondade essencial de Deus. Quando Satanás tentou Adão e Eva pela primeira vez, ele começou questionando a bondade divina. "É assim que Deus disse: Não comereis de toda árvore do jardim?" (Gn 3:1). Duvidar da bondade de Deus é duvidar do próprio Deus.

O salmista dá duas ilustrações práticas da bondade essencial de Deus. Primeiro, ele diz que "a sua misericórdia dura para sempre". Quão bom é Deus? Ele lhe prometeu um destino eterno, e manterá Sua promessa até que você finalmente chegue ao seu lar eterno. Depois, o salmista lembra aos seus leitores que a "fidelidade" de Deus se estende "de geração em geração". Outra palavra para fidelidade é lealdade, e o autor do salmo afirma que o Deus de Abraão, de Davi, ou dos macabeus, ou de Maria e José continua tão leal hoje quanto no passado. Sua garantia não tem prazo de validade!

CAMINHANDO POR NOSSA TERRA

EM ALGUM MOMENTO DO DIA DE HOJE, faça algo que possa lhe ser incomum. Faça uma pausa, olhe em direção ao Céu e então comece a cantar a Doxologia com toda a força. Cante em voz alta porque Deus é o seu Criador, porque Ele se preocupa com você dia a dia, porque Ele é bom, porque Seu amor leal nunca findará e porque Ele é sempre digno de confiança.

Depois de cantar a última palavra — "Amém" —, diga tudo isso mais uma vez a Deus, porque é verdade. E todo o povo de Deus diz "Amém!".

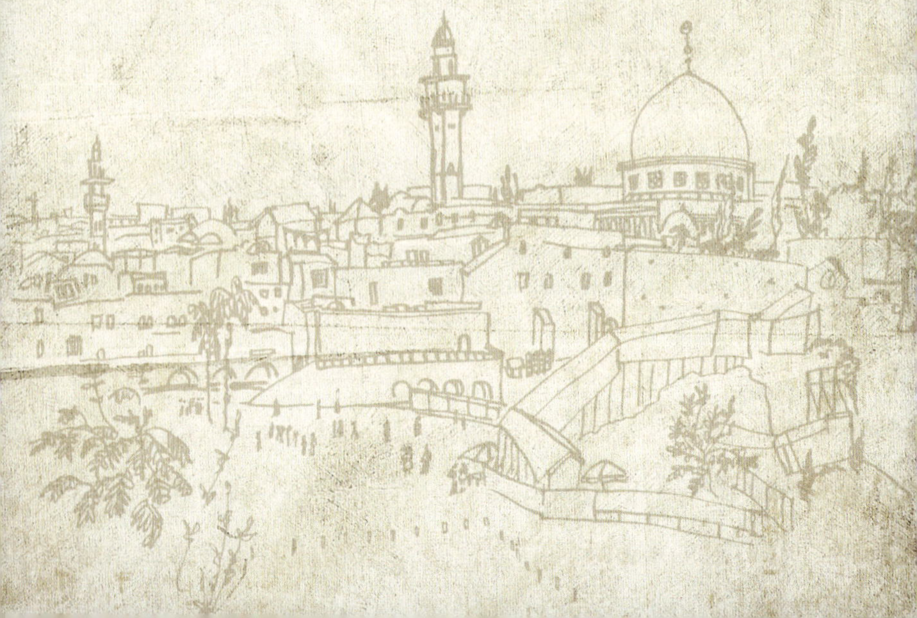

DIA 18

Conforto em meio ao conflito
Salmo 102

Como guia na Terra Santa, descobri que o primeiro dia de uma viagem a Israel geralmente é o mais difícil — mas por motivos que você não espera.

O grupo é novo, entusiasmado, pronto para explorar a terra. Nossa primeira parada costuma ser Cesareia, e é ali que o grupo começa a tirar fotos sem parar! Eu não os culpo. Cesareia é um lugar fantástico, e provavelmente é a primeira vez que a maioria se depara com um teatro de 2.000 anos, um hipódromo, um aqueduto romano ou as ruínas de um palácio construído pelo próprio Herodes, o Grande, da Bíblia. O problema é que eles querem passar *horas* em Cesareia, ao passo que eu conheço todos os outros lugares que ainda temos para visitar. Se desperdiçarem o tempo ali, poderão perder o último local do dia — o monte Arbel —, que é verdadeiramente espetacular!

O monte Arbel faz parte do Sistema do Parque Nacional de Israel, o que significa que tem horários para abrir e fechar. Se você chegar tarde demais, o portão de entrada para o estacionamento de veículos estará fechado e trancado durante a noite. Mas mesmo que você chegue antes de fechar, há uma janela limitada de tempo para se chegar ao topo sem perder a linda paisagem ao seu redor. O ideal é que você tente chegar no momento em que o sol está se pondo, mas enquanto ainda está alto o bastante no céu para resplandecer sobre a montanha. Durante uma hora mais ou menos, a face da rocha assume uma tonalidade dourada e sombras crescentes que fazem com que cada sulco e ondulação se sobressaiam em contraste pronunciado. A distância, as montanhas permanecem separadas do azul-escuro do

Monte Arbel com o mar da Galileia ao fundo

céu, e 300 metros abaixo o mar da Galileia assume seu cálido brilho bronzeado.

Infelizmente, um atraso de apenas 30 minutos pode fazer toda a diferença. À medida que o sol se põe no horizonte, as montanhas a oeste começam a bloquear os seus raios. Os picos dourados assumem um tom turvo de cinza quando as sombras o alcançam e cobrem toda a paisagem. A paisagem ainda está lá, mas sua beleza desvaneceu-se como uma fotografia antiga. Os turistas de primeira viagem que chegam tarde não sabem o que perderam, mas eu sei, e é por isso que os mantenho em movimento o dia inteiro!

Descer a trilha do monte Arbel à medida que o sol submerge no horizonte sempre me faz lembrar as palavras do Salmo 102. "Meus dias são como sombras crescentes" (v.11 NVI). De fato, vamos fazer uma pausa e dar uma olhada resumida neste salmo. As sombras que se aprofundam no cânion sob nós podem servir como pano de fundo para o nosso estudo.

Não sabemos quem escreveu este salmo, nem quando foi escrito. Mas a introdução nos diz muito sobre o que o autor estava sentindo ao redigi-lo: "Oração do aflito que, desfalecido, derrama o seu queixume perante o SENHOR". O salmo é obviamente um clamor por ajuda de alguém que está passando por profunda dor e angústia.

O salmista começa sua oração implorando a Deus. Nada de frases pomposas ou linguagem floreada. Não há tempo a perder. É como se ele estivesse dizendo urgentemente: "Eu preciso da Tua ajuda, Senhor. Agora!".

Qual é o problema então? Primeiro, nós não sabemos. Porém, qualquer que seja o problema, o estresse realmente está causando enfermidade física. Nos versículos 3-11, o autor descreve seus sintomas para o Médico celestial. Ele começa e termina esta seção descrevendo que sua vida está definhando. "Porque os meus dias, como fumaça, se desvanecem" (v.3). "Como a sombra que declina, assim os meus dias" (v.11). Como um sopro ou uma fumaça que sobe ao céu, ou uma sombra que se aproxima para consumir os poucos remendos de luz do sol, o autor sente sua vida evaporar diante de seus próprios olhos. Ele se esquece de comer (v.4), e está perdendo tanto peso a ponto de sentir-se reduzido a pele e osso (v.5). E essas mudanças físicas são acompanhadas de intensas sensações de solidão. Ele clama, dizendo sentir-se como uma coruja no deserto (v.6) ou um "passarinho solitário nos telhados" (v.7). O salmista está sozinho, angustiado e deprimido.

O que poderia causar dor e sofrimentos tão intensos? O autor desse salmo dá a pista da raiz disso tudo nos versículos 13-21. Ele anseia pelo dia em que Deus "terá piedade de Sião" (v.13), reconstruirá a cidade e reaparecerá em Sua glória. Este será o tempo em que reis e nações mais uma vez "temerão o nome do SENHOR" (v.15) e o reverenciarão. A partir destas dicas, parece provável que o salmo tenha sido escrito durante o exílio babilônio, um tempo em que o povo de Judá foi mantido em cativeiro. Foi um momento em que a cidade de Jerusalém e o Templo de Salomão permaneceram em ruínas. O autor pode ter sido um dos primeiros exilados que haviam recebido a palavra de destruição da cidade. Talvez, ele estivesse sendo ridicularizado pelos torturadores babilônios, que eram incompassíveis ao lembrar os judeus exilados de suas perdas (cf. Sl 137:1-3).

Podemos não saber exatamente por que este escritor está tão desencorajado, mas todos nós já passamos por momentos de desânimo parecidos em nossa vida. Então, qual é a solução para tal tristeza esmagadora? Felizmente, o salmista nos dá a resposta.

Em três momentos diferentes neste salmo, o escritor se distancia dos próprios problemas para contemplar a face de Deus. Depois, proclamando no versículo 11 como seus dias pareciam passar rapidamente como "a sombra que declina" (ou as "sombras crescentes" NVI), o autor imediatamente acrescenta: "Tu, porém, SENHOR, permaneces para sempre" (v.12). Nossa vida aqui na Terra é transitória, mas Deus é eterno.

Poucos versículos depois, o autor enfatiza o poder de Deus ao criar os Céus e a Terra. "Em tempos remotos, lançaste os fundamentos da terra; e os céus são obra das tuas mãos" (v.25). Mas ele rapidamente acrescenta no versículo 26: "Eles perecerão, mas tu permaneces". Tudo o que nos cerca e que parece tão permanente — incluindo os nossos problemas — não durará para sempre. Apenas Deus é eterno. "Tu, porém, és sempre o mesmo, e os teus anos jamais terão fim" (v.27).

Assim sendo, como o salmista encontrou consolo em meio ao conflito? Concentrando-se no caráter de Deus! Os problemas são passageiros, mas Deus permanece para sempre. As circunstâncias podem mudar, mas Deus sempre será o mesmo.

CAMINHANDO POR NOSSA TERRA

O SOL ESTÁ PRESTES A SE PÔR no horizonte, e a temperatura está começando a cair. Então, é hora de voltar para o ônibus. Porém, enquanto voltamos, pense sobre as lições do Salmo 102. Eu não sei quais problemas você está enfrentando hoje, mas Deus sabe. Mais do que isso, Ele se importa profundamente com você e quer que você lhe entregue os seus fardos... Que busque o Seu cuidado, a Sua ajuda, o Seu consolo e a Sua compaixão.

Sim, de vez em quando é difícil entregar os fardos ao Senhor. Os acontecimentos e as incertezas obscurecem a nossa perspectiva. Nesses momentos, precisamos seguir o exemplo do salmista. Tire o olhar de si mesmo e olhe para Deus. Ele é o Deus de poder soberano que "permanece para sempre" (v.12). Ele é o Deus de amor infinito que promete ter "piedade" e se "compadecer" (v.13). E mais importante de tudo: Ele é o Deus que responde sempre às orações, que "do alto do seu santuário, desde os céus, baixou vistas à terra, para ouvir o gemido dos cativos e libertar os condenados à morte" (vv.19,20). O salmista está nos lembrando de que Deus ouve, cuida e tem o poder de nos ajudar quando enfrentamos dificuldades!

DIA 19

Uma canção para o monte das Oliveiras
Salmo 118

Muitos cristãos têm seus próprios hinos ou refrãos favoritos — canções que os conectam emocionalmente a um momento ou a alguma situação especial em seu relacionamento com Deus. Só ouvir as notas introdutórias pode trazer de volta uma enxurrada de lembranças. Hoje, daremos uma olhada em uma canção do livro de cânticos de Israel que sempre vinculará o monte das Oliveiras a Jesus.

À medida que descemos a trilha desde o topo do monte das Oliveiras, vemos o vale de Cedrom à nossa frente. Cuidado por onde pisa! Trata-se de um decline íngreme, e eu não quero que você escorregue em alguma pedra solta. Aposto que você se sente feliz por estar *descendo* a montanha ao invés de estar *subindo*!

Este é o caminho trilhado pelo próprio Jesus ao fazer Sua entrada triunfal em Jerusalém. Agora, imagine o caminho que estamos percorrendo completamente lotado de judeus peregrinos indo para Jerusalém a fim de celebrar a Páscoa. Corre pela multidão o boato de que Jesus — Yeshua, aquele que opera milagres — está vindo de Betânia a caminho do monte. Todos param e começam a olhar para trás em direção à montanha. A paciência de cada um é recompensada quando veem um homem montado num jumentinho rodeado por uma turba barulhenta.

À medida que o grupo se aproxima, um refrão familiar surge da multidão reunida: "Bendito o que vem em nome do SENHOR" (Sl 118:26). O Salmo 118 era um dos salmos cantados em cada uma das principais festividades em que Israel se reunia diante do Senhor.

E, então, algo dá um estalo na mente de vários peregrinos ao recordar várias outras frases desse salmo. "A pedra que os construtores rejeitaram, essa veio a ser a principal pedra, angular" (v.22). Os líderes religiosos já rejeitaram Jesus, mas será que essa rejeição poderia refletir as palavras deste salmo profético? Será que Jesus poderia, de fato, ser a pessoa descrita nessa canção?

À medida que estes peregrinos veem a multidão colocando ramos de palmeira no caminho, outra frase ainda do salmo vem à mente deles. "Juntem-se ao cortejo festivo, levando ramos até as pontas do altar" (v.27 NVI). Enquanto a multidão passa, o

Um devocional sobre a Terra Santa

grupo de viajantes curiosos segue junto e percebe que está com o Salmo 118 martelando em sua mente.

Esses pensamentos desbotam à medida que a semana progride. Logo, grupos de membros da família passam a voltar sua atenção a todos os preparativos para a Páscoa. Há tanta coisa para aprontar. Então, a própria celebração acontece enquanto eles se reúnem na cidade para ensaiar o milagre da libertação do Egito operado por Deus. A comemoração termina com a família cantando o Salmo 118, e é nesse momento em que diversas pessoas relembram os eventos anteriores da semana no monte das Oliveiras. "Bendito o que vem em nome do SENHOR" (v.26). Será que poderia haver de fato uma relação?

Depois da celebração de Páscoa, alguns dos homens saem para tomar o ar fresco da noite. À medida que lançam o olhar para perto de casa, veem luzes piscando através de uma janela num cenáculo.

Descendo o monte das Oliveiras com as muralhas de Jerusalém ao longe

Outra família está concluindo sua celebração de Páscoa, e mais uma vez pode ser ouvida a melodia do Salmo 118. O vulto de um homem passa na frente da janela. A luz vinda das lâmpadas a óleo no quarto é muito fraca, mas, auxiliadas pela luz da lua cheia, as pessoas do andar de baixo sentem como se já o conhecessem. Parece Yeshua, o homem que montou o jumentinho! Poucos momentos depois, o grupo sai da casa, e um dos homens diz a outro que eles passarão a noite no monte das Oliveiras... na prensa de azeite de oliva — *gat shemen* — o Getsêmani.

Os espectadores voltam para dentro, mas não conseguem parar de pensar no Salmo 118, um salmo de ação de graças pelo livramento de Deus. Trata-se de um salmo que começa e termina com o mesmo tema: "Rendei graças ao SENHOR, porque ele é bom, porque a sua misericórdia dura para sempre" (vv.1,29). Duas vezes nesta semana, estes peregrinos relacionaram o salmo com Jesus, primeiro no monte das Oliveiras e depois agora neste cenáculo enquanto Ele e Seus discípulos voltavam para o monte das Oliveiras. Essas duas conexões certamente, por si só, fariam este salmo especial, memorável. Mas a história ainda não terminou.

Jesus veio como o Messias de Israel, e o Salmo 118 era um dos centros das atenções do Antigo Testamento que apontavam profeticamente para Ele. Porém, menos de uma semana após os acontecimentos do Domingo de Ramos, aqueles que haviam gritado "Bendito o que vem em nome do SENHOR" (João 12:13) gritaram: "...Crucifica-o! [...] Não temos rei, senão César!" (19:15). Mesmo assim, essa reviravolta nos acontecimentos não pegou Jesus de surpresa — nem Deus Pai. Na realidade, durante essa última semana, Jesus proclamou à cidade: "Jerusalém,

Jerusalém, que matas os profetas e apedrejas os que te foram enviados! Quantas vezes quis eu reunir os teus filhos, como a galinha ajunta os seus pintinhos debaixo das asas, e vós não o quisestes! Eis que a vossa casa vos ficará deserta. Declaro-vos, pois, que, desde agora, já não me vereis, até que venhais a dizer: Bendito o que vem em nome do Senhor!" (Mt 23:37-39).

E aqui está a nossa passagem-chave de novo! O Salmo 118 será entoado pela terceira vez no monte das Oliveiras, em Jerusalém. Mas, desta vez, as pessoas estão cantando com verdadeira fé ao saudar a *volta* do Messias. Esse é o dia sobre o qual o profeta Zacarias prenunciou, dizendo que os pés do Messias pisariam novamente o monte das Oliveiras, o qual será fendido ao meio. Segundo ele, é o dia em que "olharão para aquele a quem traspassaram; pranteá-lo-ão como quem pranteia por um unigênito..." (Zc 12:10). É o dia em que a pedra que os construtores rejeitaram será na realidade a pedra principal, assim como profetizou o Salmo 118!

"Bendito o que vem em nome do SENHOR!" A canção que foi número um durante a semana final do ministério de Cristo será novamente a número um... quando Ele voltar como rei!

CAMINHANDO POR NOSSA TERRA

AO PARTIRMOS DO MONTE DAS OLIVEIRAS, é importante relembrar que o plano de Deus para o Seu Filho sempre previu a cruz antes da coroa. Sempre colocou o Calvário antes do reino. No Salmo 118, Deus afirmou que a pedra seria rejeitada antes de tornar-se a principal pedra angular. O plano de Deus para a primeira vinda de Cristo foi cumprido exatamente conforme predito na Bíblia, ainda que não fosse completamente compreendido por Seus seguidores.

Reserve um tempo para ler o Salmo 118 do início ao fim com o foco em Jesus. Depois, faça uma pausa e agradeça ao Pai por ter enviado Seu Filho para morrer por você — e por Sua *promessa* de que Jesus voltará um dia. Por último, com o salmista, acrescente à sua oração de ação de graças ao Pai a seguinte exclamação: "Bendito o que vem em nome do SENHOR!".

DIA 20

Orações solitárias em lugares desolados

Salmo 120

Um passeio pela Terra Santa está entre os poucos em que é possível jantar numa tenda beduína. Mas, antes do jantar, você gostaria de dar uma voltinha de camelo? Como eu já andei de camelo, vou ficar aqui de olho nos seus pertences enquanto você "balança para lá e para cá" em seu navio do deserto. Mas me faça um favor. Veja se você consegue tirar algumas fotos de um arbusto de zimbro durante seu safari pelo deserto. Você está procurando um arbusto verde de aproximadamente de 1,5 m a 3 m de altura que parece estar coberto de espinhos.

Já de volta? Bom, isso é legal, porque já está quase na hora do jantar ao estilo beduíno! Dê uma olhada no fogo usado para cocção. Aquele prato preto invertido pendurado é a boca do fogão. Você já pode ver o pão sírio assando ali. E ao lado está o bule no qual estão fervendo o café árabe. Você pode ficar com a minha parte. Acredite em mim; devagar se vai longe.

Agora, olhe para o fogo com mais atenção. Você está vendo aquelas brasas de carvão avermelhadas? Elas quase me lembram do carvão queimando na grelha. Mas estes "briquetes" na verdade são lenha dos arbustos de zimbro que você viu no deserto. Essa madeira é dura e densa, e produz um fogo muito quente.

O sol já se pôs, e você está começando a sentir o friozinho do ar noturno. Então, fique bem perto do fogo enquanto observamos orações solitárias de lugares desolados. Nossa passagem para este estudo é o Salmo 120, o primeiro de uma coletânea de salmos conhecida como Cânticos (ou Salmos) de Romagem.

Preparação de pão e café num acampamento beduíno. *Inset*: um fogão em chamas na entrada de uma tenda beduína.

Esses 15 salmos, do 120 até o 134, foram compostos em momentos diferentes por autores diferentes. Porém, em algum ponto, eles foram reunidos e agrupados. É bem provável que o processo de compilação tenha ocorrido depois do cativeiro babilônio. O título "Cânticos de Romagem" provavelmente foi dado à coletânea porque estes salmos deveriam ser cantados pelos judeus peregrinos durante os três festivais anuais quando eles subiam a Jerusalém para reunir-se diante de Deus. O Salmo 120 encabeçava a procissão, ou seja, era o primeiro dos salmos recitados por estes peregrinos.

Esperaríamos que essas jornadas a Jerusalém fossem ocasiões alegres, uma vez que os peregrinos estavam a caminho do Templo. Mas o Salmo 120 não começa focando na alegria vindoura, mas no sofrimento que cercava o autor por todos os lados. Vamos dar uma olhadinha por cima do ombro deste salmista desconhecido enquanto ele clama a Deus em oração. "Na minha angústia, clamo ao SENHOR e ele me ouve" (v.1).

Tudo bem, apenas uma lição de gramática no versículo 1. O hebraico não tem tempos passado, presente ou futuro; eles precisam ser fornecidos pelo contexto. Então, observamos um problema de tradução direto aqui. Será que o salmista está afirmando ter clamado e ter sido respondido por Deus — ações que já aconteceram? Ou está dizendo: "Na minha angústia, eu clamo ao Senhor e ele me responde", sugerindo estar no meio do problema e antecipando momentaneamente a resposta de Deus? A partir do contexto geral do salmo, acho que a segunda opção é a melhor tradução. O salmista está enfrentando uma tribulação e clamando a Deus por ajuda. Contudo, mesmo assim, ele sabe, pela fé, que Deus o responderá.

Este primeiro versículo resume todo o salmo; nos versículos 2 a 4, o salmista fornece mais detalhes sobre o problema que está enfrentando. Ele pede a Deus que o livre "dos lábios mentirosos" e "da língua enganadora" (v.2). Ambas são figuras de linguagem. Afinal de contas, os lábios e a língua nada fazem por conta própria. É a pessoa que fala pelos lábios e pela língua que no fim das contas é a responsável. A palavra "enganadora" transmite a ideia de "sedutora ou enganosa". Não sabemos ao certo se estas pessoas perversas estavam mentindo *para* o salmista ou se estavam mentindo *sobre* o salmista, embora a segunda opção pareça a mais provável. É possível que elas estivessem espalhando calúnias a respeito dele.

Se você já foi difamado por alguém, ou se já inventaram mentiras a seu respeito ou tentaram fazer outras pessoas acreditarem em fatos prejudiciais sobre sua pessoa, então você sabe bem como o salmista se sentiu. Ele pede a Deus que julgue o perverso de maneira adequada. As palavras difamatórias do inimigo são como flechas que atingem a parte mais interior do salmista ou — relembrando a imagem do amigo beduíno em sua fogueira — como brasas ardentes queimando sua alma. Assim, ele alerta ao seu inimigo que Deus está prestes a atirar "setas agudas" em direção a ele e queimá-lo com "brasas vivas de zimbro" (v.4). E é por isso que chegamos *aqui*!

Vamos fazer uma pausa para observar mais uma vez o fogo beduíno. Aqueles pedaços de carvão quentes e brilhantes vêm do zimbro, e são uma grande lição prática. O salmista está sob ataque, mas se recusa a revidar. Em vez disso, ele entrega a situação a Deus, cujo senso incandescente de justiça e retidão garante que, no fim das contas, o perverso será punido e o justo, inocentado. O salmista pode não saber exatamente quando, mas ele confia que Deus equilibrará as balanças da justiça no momento certo.

Todos nós enfrentamos tempos de solidão e sofrimento, nos quais fomos caluniados, difamados ou atacados injustamente. O salmista está nos lembrando de que, nesses tempos, podemos clamar a Deus e ter a certeza de que Ele está ouvindo. Agora, isso não significa que Ele sempre intervirá de acordo com o nosso cronograma. Na realidade, observe com atenção o que o salmista diz em seguida.

"Ai de mim, que sou peregrino em Meseque e habito nas tendas de Quedar. Já há tempo demais que habito com os que odeiam a paz" (v.5,6). O salmista está usando linguagem poética — mas lugares reais — para descrever sua condição. Meseque se situava bem ao norte de Israel, na Ásia central, enquanto Quedar ficava bem ao sul, na Península Arábica. O salmista usa essas terras distantes para descrever sua sensação de alienação e exílio do lugar de segurança que todos nós conhecemos como lar. Assim como Dorothy ficou presa em Oz, o salmista deseja bater os calcanhares e exclamar: "Não há lugar como o lar!". Ele anseia por paz, mas seus inimigos continuamente querem lutar e guerrear.

CAMINHANDO POR NOSSA TERRA

MAS O QUE este clamor do salmista tem a ver conosco? Se você um dia visitar uma tenda beduína, a primeira coisa que notará é que esta não é uma estrutura permanente. As paredes são feitas de pelo de cabras; o piso é coberto por tapetes finos. Da mesma forma, quando o salmista disse sentir-se como se estivesse vivendo em terras estrangeiras, ele usou palavras que indicam uma habitação passageira, palavras que podem ser traduzidas como "residência provisória" ou "morada temporária". Ele se sentia deslocado, o que se devia ao fato de ainda não estar em casa. E, à medida que você viajar pela vida, haverá momentos em que será mal compreendido e difamado por aqueles que não gostam de você e por outras pessoas que podem até querer prejudicá-lo. Este salmo sugere três caminhos específicos ao passar por esses tempos difíceis.

Primeiro, somos relembrados a *orar e compartilhar nossas lutas com Deus*. "Na minha angústia, clamo ao SENHOR" (v.1). Segundo, somos encorajados a *levar nossos problemas a Deus e clamar por livramento no tempo certo*. "SENHOR, livra-me" (v.2). Em vez de nos tornarmos prisioneiros da raiva ou da amargura, podemos permitir que Deus execute a Sua justiça no Seu tempo apropriado. Finalmente, o salmo nos diz que ainda não estamos em casa (v.5). Como Israel no deserto, somos apenas residentes temporários nesta vida em nossa trajetória rumo à Terra Prometida celestial. Bem parecida com a descrição de Abraão em Hebreus 11:9,10, podemos ter uma sensação de incompletude hoje, mas isso acontece porque ainda estamos aguardando "a cidade que tem fundamentos, da qual Deus é o arquiteto e edificador".

Da próxima vez que você estiver tendo dificuldades por causa de alguém que o maltratou, não revide. Em vez disso, faça a sua mente se lembrar das brasas vivas de zimbro e não se esqueça de que Deus resolverá a questão no tempo certo — contanto que você esteja disposto a entregar os seus problemas a Ele!

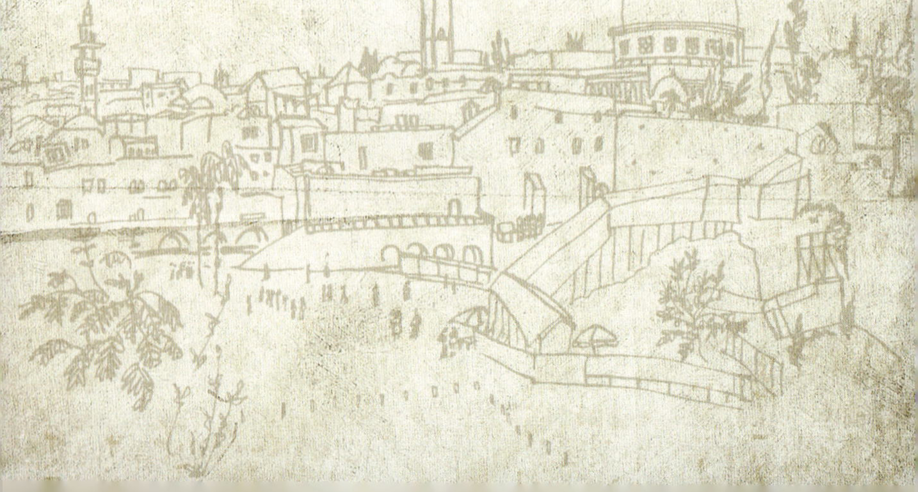

DIA 21

Uma pergunta perturbadora e uma resposta tranquilizadora

Salmo 121

A primeira obra de arte cristã que eu me lembro de ter visto apresentava uma linda fotografia do Glacier National Park. Na foto, diversos picos de montanhas cobertos de neve encontravam seu caminho num céu azul deslumbrante. Abaixo dos picos, encontrava-se um vale exuberante, arborizado, com uma corrente de água entalhada no meio. E, no fundo da imagem, havia uma referência ao Salmo 121:1 — "Elevo os olhos para os montes: de onde me virá o socorro".

A fotografia e o versículo pareciam combinar tão bem. Como um cristão relativamente novo, eu conseguia visualizar Deus assentado no topo de Seu monte celestial, com binóculos divinos nas mãos, de olho em Seus seguidores abaixo. Sempre que eu me sentia sozinho ou ameaçado, eu me lembrava desses cumes majestosos e sabia que Deus estava lá, contemplando todas as coisas e pronto para me resgatar se preciso.

Esta imagem era uma obra de arte linda e inspiradora. Infelizmente, foi baseada numa total má compreensão do Salmo 121! Esse versículo faz uma pergunta, *não* faz uma afirmação, como nesta versão em particular usada pelo fotógrafo. (As traduções das versões ARA, NVI, ARC e NTLH fazem uma pergunta e estão corretas.) Os montes representam perigos ocultos, não o livramento celestial de Deus. Para compreender este salmo, precisamos nos unir a um grupo de peregrinos que está viajando a Jerusalém para um dos festivais anuais de Israel.

Três vezes por ano, Deus convocava o povo de Israel a se apresentar diante dele — nas festas de Páscoa, Pentecostes e Tabernáculos. Assim que o Templo de Salomão foi edificado, o destino da viagem passou a ser Jerusalém. E era uma jornada e tanto! Vinte e sete vezes no Novo e no Antigo Testamentos, a Bíblia fala sobre *subir* a Jerusalém. Trata-se de uma expressão exata, porque Jerusalém está localizada numa região montanhosa. A viagem até Jerusalém era uma jornada subindo as montanhas.

Imagine como deveria ser participar de uma dessas peregrinações. Embora Deus exigisse apenas que os homens se apresentassem diante dele (Êx 23:17), famílias inteiras faziam essa viagem. O Dr. Lucas, o autor do evangelho, conta-nos que os pais de Jesus "anualmente iam […] a Jerusalém, para a Festa da Páscoa" (Lucas 2:41); assim, mãe e filho acompanhavam José na jornada. Quando chegava a hora de viajar a Jerusalém, famílias estendidas e talvez vilas inteiras se colocavam a caminho de lá e davam início à jornada. Talvez, as cidades ficassem praticamente desertas e desprotegidas.

Porém, não é o que deixamos para trás que pesa em nossa mente quando começamos a nossa jornada. É o que pode estar espreitando adiante que nos preocupa. Olhamos para frente em direção aos montes distantes. Além desses picos, encontram-se mais montanhas seguidas de outras montanhas. A área é difícil, cheia de rochas e cheia de escaladas complicadas e caminhos traiçoeiros. Esta jornada envolvia alternadamente torrar debaixo de um sol implacável e tremer sob um céu límpido à noite. Podemos encontrar leões, cobras venenosas ou escorpiões. Talvez, o mais assustador de tudo é que possa haver ameaças de duas pernas esperando em áreas remotas para atacar os fracos, os inocentes e os vulneráveis.

Vista para os montes do deserto da Judeia

A peregrinação a Jerusalém era uma jornada de fé, mas também poderia ser muito perigosa, e é o que estimulou o salmista a fazer esta pergunta preocupante no início do Salmo 121. "Elevo os olhos para os montes: de onde me virá o socorro?". Como eu posso esperar passar pelos montes em segurança e chegar a Jerusalém?

O Salmo 121 é o segundo neste grupo de 15 salmos coletivamente rotulados de "Cânticos de Romagem" e cantados pelos peregrinos ao "subir" rumo a Jerusalém para as três festividades anuais. Certamente, o Salmo 121 dá voz à angústia sentida por cada peregrino que começava essa longa e traiçoeira caminhada pensando: *Onde eu posso encontrar a ajuda de que preciso para superar todos esses obstáculos?*

Felizmente, o salmista proveu de imediato uma resposta tranquilizadora a essa pergunta perturbadora. "O meu socorro vem do SENHOR, que fez o céu e a terra" (v.2). Os problemas do escritor, representados pelos montes, poderiam na realidade ser importantes, mas ele rapidamente lembra — a ele e a nós — de que Deus é muito maior do que quaisquer problemas que possamos enfrentar. O Senhor é fiel. Então, o salmista ofereceu as três razões reconfortantes pelas quais Deus é tão fiel.

Nos versículos 3 e 4, o salmista descreve Deus como um pastor sempre vigilante. Muitas e muitas vezes, o salmista garante aos peregrinos a vigilância insone de Deus: "não dormitará aquele que te guarda. É certo que não dormita, nem dorme o guarda de Israel". Deus jamais tira férias. Em vez disso, Ele promete ficar de guarda e não permitir "que os teus pés vacilem".

Nos versículos 5 e 6, o salmista nos lembra que Deus é um vencedor sempre vigilante que permanece à destra do peregrino para protegê-lo. "De dia não te molestará o sol, nem de noite, a lua." Deus guarda Seus seguidores do calor ardente do dia e das forças sinistras que espreitam à noite. Ele sempre está ao nosso lado.

Finalmente, nos versículos 7 e 8, o salmista afirma que Deus é o protetor eterno. Ele "guardará a tua saída e a tua entrada". Deus não apenas prometeu cuidar daqueles que fossem adorá-lo em Jerusalém, mas também jurou guardá-los durante a viagem de volta para casa. E o salmista diz que a proteção de Deus vai durar "desde agora e para sempre". Ela vai além da jornada a Jerusalém e abrange o restante da viagem do peregrino pela vida.

Embora nossas lutas sejam reais, nunca se esqueça de que Deus é maior do que quaisquer problemas que enfrentamos. Se você estiver com a sua Bíblia em mãos, abra-a no Salmo 121 e circule (ou destaque) as seguintes frases. Três vezes, o escritor usa uma figura de linguagem chamada *antítese*, que combina duas palavras contrastantes a fim de enfatizar a totalidade ou completude da proteção divina. No versículo 2: Deus é o Criador do *céu e a terra*; no versículo 6: Ele protege do *sol e de noite, a lua*; no versículo 8: Ele guarda a *tua saída e a tua entrada* e Ele promete fazer tudo isso *hoje* ("desde agora") *e para sempre*.

Agora, sublinhe as palavras "guarda" e "guardará". Essa é a tradução de um termo hebraico usado seis vezes nestes oito versículos. Embora pareça repetitivo, esta repetição visa a enfatizar que o Deus do Universo Todo-poderoso e sempre vigilante é quem promete guardar a nossa vida.

CAMINHANDO POR NOSSA TERRA

VOCÊ ESTÁ OLHANDO PARA OS MONTES DA VIDA, imaginando se tem forças para vencê-los? O Salmo 121 tem a resposta para você. Olhe além dos obstáculos do seu caminho e fixe o olhar no Deus que fez os Céus e a Terra — o Deus que promete guardar e cuidar daqueles que o seguem.

Mildred Leightner Dillon e seu marido, William, ministraram a milhares de pessoas pobres e sem-teto no centro decadente da cidade de Chicago enquanto trabalhavam pela Missão *Sunshine Gospel*. Centenas de alunos do Instituto Bíblico Moody têm trabalhado nesta mesma missão ao longo dos anos. Porém, Mildred e William também conseguiram tempo para escrever e compor um arranjo para uma música. Na realidade, Mildred escreveu uma canção intitulada "Seguro Estou", que mistura as verdades do Salmo 121 com a promessa feita por Jesus em João 10. Esta mensagem de esperança ainda repercute para qualquer um que esteja enfrentando ameaças da vida. Por que não fazer do Salmo 121, com as palavras deste refrão, o tema para o seu dia de hoje?

Seguro estou, seguro estou,
Na concha da Sua mão;
Protegido, protegido então,
Para sempre por Seu amor.
Enfermidade alguma me atingirá,
Nenhum inimigo me tocará,
Porque Ele me guarda sem cessar;
Seguro estou, seguro estou,
Na concha da Sua mão.

DIA 22

A paz de Jerusalém

Salmo 122

É difícil explicar o impacto emocional que uma viagem a Israel exerce sobre a vida de uma pessoa. O escritor Mark Twain captou esse sentimento melhor do que ninguém! Ele viajou à Terra Santa a cavalo, e o primeiro lugar que visitou relacionado à vida de Jesus foi Cesareia de Filipe. Essa experiência levou o principal humorista dos Estados Unidos a um momento de contemplação profunda. "Eu não consigo entender ainda que eu esteja sentado onde um deus já esteve, e esteja contemplando o riacho e as montanhas que um deus já contemplou, e esteja cercado de homens e mulheres pardos cujos antepassados o viram, até conversaram com ele face a face e descuidadamente assim como teriam feito com qualquer outro estranho. Não consigo compreender isto."

Tais sentimentos de profunda conexão espiritual e emocional parecem aumentar à medida que o peregrino se aproxima de Jerusalém, a cidade que está no centro do plano de Deus, passado e futuro, para a Sua criação. Na realidade, o impacto emocional pode tornar-se tão devastador a ponto de resultar em problemas psicológicos para pessoas que não estejam preparadas para lidar com ele. O fenômeno se tornou conhecido como Síndrome de Jerusalém, e leva tais indivíduos a experimentar sensações religiosas intensas a ponto de acreditar que Deus está falando com eles ou anunciando que eles devem ser Seus mensageiros para proclamar Sua volta iminente. Embora ninguém em minhas viagens tenha lidado com isto, trata-se de uma condição séria com potencial de prejudicar a vítima ou aqueles que a cercam.

Vista da Porta Leste do vale de Cedrom

Cito esse fato porque quase todo mundo que viaja à Terra Santa deve compreender o impacto emocional de visitar a cidade — e como ela tem o potencial de impressionar o visitante.

Esse impacto emocional não é algo novo nem se limita àqueles que vêm de fora do país. Na verdade, o rei Davi descreveu os mesmos sentimentos no Salmo 122, um cântico que ele redigiu para comemorar os tempos em que Israel se reunia em sua nova capital para adorar a Deus. O salmo que Davi escreveu foi posteriormente incluído nos Cânticos de Romagem.

Davi começou o Salmo 122 expressando a ansiedade e o entusiasmo do peregrino com a visita a Jerusalém — a cidade onde Deus habitava no meio do Seu povo. "*Alegrei-me* quando me disseram: Vamos à Casa do SENHOR. Pararam os *nossos* pés junto às tuas portas, ó Jerusalém." Posso ouvir o entusiasmo na voz de Davi. E, ao trocar o singular "Alegrei-me" para o plural

"Vamos... Pararam os nossos pés...", é como se ele estendesse os braços para abraçar todos que estavam chegando à cidade. Suas palavras se tornam as palavras *deles* à medida que todos eles compartilham o mesmo entusiasmo pela visita.

Entretanto, depois de ter descrito essa empolgação nos primeiros dois versículos, Davi rapidamente redireciona o nosso foco. Não diz respeito a *nós*; em vez disso, diz respeito a Deus e ao lugar que Ele escolheu. Nos três versículos seguintes, Davi direciona o foco da nossa atenção à cidade e sua importância.

A importância de Jerusalém não vinha de sua aparência física. Quando Davi a descreveu como "cidade compacta" (v.3), ele não estava descrevendo simplesmente seu tamanho. Por detrás da palavra "compacta", está a ideia de "estar amarrada", que provavelmente representa a unidade espiritual do povo assim como a disposição física das casas e dos muros da cidade.

Jerusalém era a principal cidade de Davi, embora sua verdadeira importância tenha sido recebida de Deus. O Senhor havia ordenado que o povo de Israel se apresentasse diante dele três vezes por ano "no lugar que este [Deus] escolher" (Dt 31:11). E a cidade que Deus escolheu por fim foi Jerusalém. Era o local, segundo Davi, "para onde sobem as tribos, as tribos do SENHOR, como convém a Israel, para renderem graças ao nome do SENHOR" (v.4).

Jerusalém também era a cidade escolhida por Deus para ser a capital do reino unido de Israel sobre o qual Seu escolhido reinaria. Era o lugar onde "os tronos da casa de Davi" estavam estabelecidos. Jerusalém era a cidade onde Deus visivelmente habitava no meio do Seu povo; a cidade de onde o ungido de Deus governava.

Depois de explicar a alegria com a qual o povo estava afluindo para a cidade, Davi terminou seu cântico convocando os visitantes a orar por Jerusalém. Nos versículos 6 e 7, ele explicou o motivo *pelo que* deveriam orar, e, nos versículos 8 e 9, ele explicou a *razão* pela qual as orações eram tão importantes. Todos os visitantes deveriam orar tanto por paz quanto por segurança. "Orai pela paz de Jerusalém [...] Reine paz dentro de teus muros" (vv.6,7). A palavra "paz" aqui — *shalom* — é mais do que a simples ausência de guerra ou violência. Refere-se a saúde, integridade, estabilidade e prosperidade do lugar. Estes peregrinos deveriam orar para que Jerusalém experimentasse todas as bênçãos e a segurança que se poderiam associar com um relacionamento correto com Deus.

Davi terminou seu salmo com uma aplicação prática, explicando *o porquê* estes peregrinos deveriam orar pela paz de Jerusalém. Primeiro, a paz beneficiaria "meus irmãos e amigos" (v.8). Condições de paz permitiam que os peregrinos continuassem a cumprir a obrigação de reunir-se diante de Deus. Um ambiente espiritualmente saudável dentro da cidade também permitia que os reis governassem de forma justa.

Segundo, Davi, porém, explica que a paz beneficiaria o propósito de Deus aqui na Terra. "Por amor da Casa do SENHOR, nosso Deus, buscarei o teu bem" (v.9). De muitas formas, as palavras de Davi ao final do Salmo 122 são paralelas às palavras de Paulo em 1 Timóteo 2:1-4. "Antes de tudo, pois, exorto que se use a prática de súplicas, orações, intercessões, ações de graças, em favor de todos os homens, em favor dos reis e de todos os que se acham investidos de autoridade, para que vivamos vida tranquila e mansa, com toda piedade e respeito. Isto é bom e aceitável diante de Deus, nosso Salvador, o qual deseja que todos os homens sejam salvos e cheguem ao pleno conhecimento da verdade." Nossas orações por paz — por vidas calmas e tranquilas — são agradáveis a Deus e podem contribuir para que Suas boas-novas não sejam prejudicadas.

Um devocional sobre a Terra Santa

CAMINHANDO POR NOSSA TERRA

VIVENDO NO SÉCULO 21, como podemos orar pela paz em Jerusalém? Deixe-me sugerir duas maneiras baseadas no que aprendemos com o salmo de hoje. Primeiro, se você não está preparado, pense em *orar regularmente* pela paz de Jerusalém, por sua integridade e prosperidade. Ore pelo bem do povo judeu — e pelo plano de Deus para o futuro; peça que o Senhor aja de formas especiais a fim de derramar Sua *shalom* física e espiritual sobre aquele local.

Segundo, busque a Deus em oração e pergunte se Ele quer que *você* viaje à Terra Santa e visite Jerusalém. Essa era uma experiência transformadora na época de Davi, e pode ter o mesmo impacto sobre as pessoas hoje em dia. A resposta de Deus pode ser "Não" ou "Não agora". Porém, eu o desafio a orar a esse respeito, porque Ele pode simplesmente abrir a porta e providenciar um jeito para que você vá!

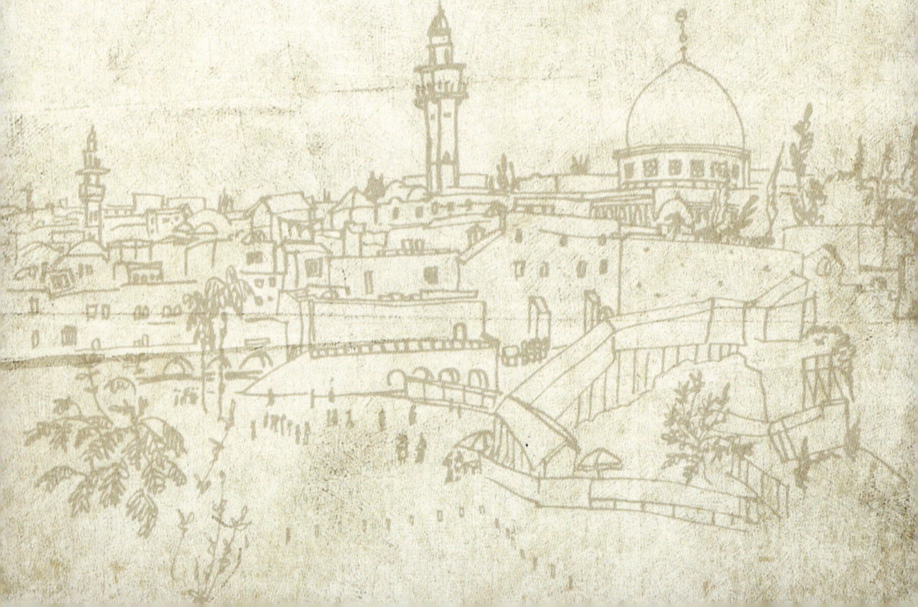

DIA 23

Lição de Deus sobre geografia

Salmo 125

A caminhada de hoje nos leva para fora dos muros da cidade histórica de Jerusalém… rumo à cidade *original* de Jerusalém. As muralhas atuais se estendem por aproximadamente 4,8 quilômetros ao redor da antiga cidade de Jerusalém, erguendo-se a uma altura de 15 metros. Mas, por mais que sejam lindas e icônicas, elas não conseguem confinar toda a área que uma vez foi a cidade bíblica de Jerusalém. Parte do monte Ocidental, hoje incorretamente chamado de monte Sião, foi deixada de fora das muralhas, e o mesmo aconteceu com a colina sobre a qual antes se situava a cidade original de Jerusalém.

Muitos visitantes se surpreendem ao saber que as atuais muralhas da Antiga Cidade estão completando apenas 500 anos. Na América, algo como 500 anos soa antigo. Mas, para uma cidade que já existia quando Abraão caminhava pela terra 4.000 anos atrás, essas muralhas são relativamente recentes. Contudo, essas "recentes" muralhas não abrangem a colina sobre a qual Davi estabeleceu sua capital.

Depois de sair da Antiga Cidade pela atual Porta Dung, chegamos ao parque arqueológico da Cidade de Davi e, de lá, vamos até a plataforma de observação. Há tantas coisas para ver e fazer aqui... Mas, como o nosso tempo é limitado, vamos primeiro entender a vista. Começamos olhando para baixo em direção à própria Cidade de Davi original. Na realidade, estamos de pé na parte mais elevada da pequena colina onde se situava a antiga cidade de Jerusalém. Evidentemente, era bastante pequena. Mesmo assim, a Bíblia se refere a ela como a *fortaleza* de Davi

Uma maquete de como Jerusalém pode ter sido durante a época de Jesus. O local da Cidade original de Davi é visível na parte inferior à direita, e o Templo se destaca logo acima da cidade original. Hoje, o Domo da Rocha se situa onde o Templo ficava, no passado.

(2 Sm 5:7-9), a qual é uma descrição apropriada. Contudo, olhe mais longe em direção ao sul. Está vendo aquele monte que se eleva a distância? Às vezes, ele é chamado de monte do Mau Conselho, porque é o lugar tradicional onde Caifás e seus colegas decidiram prender Jesus.

Agora, vire-se em direção ao leste. O vale profundo à nossa frente é o vale de Cedrom, e a montanha mais adiante é o monte das Oliveiras. Assim como o monte do Mau Conselho, o monte das Oliveiras é mais alto do que a plataforma sobre a qual estamos.

Agora, vire-se de novo e olhe em direção ao norte. Estamos contemplando o monte do Templo e a cúpula acinzentada da Mesquita de Al-Aqsa. Daqui, temos uma verdadeira sensação do quanto é alta a elevação do monte Moriá, onde se localizava o Templo antes.

Finalmente, vire-se pela última vez e olhe em direção a oeste. Erguendo-se sobre nós está o monte Ocidental, aquele erroneamente chamado de monte Sião hoje em dia. Na verdade, não importa para que lado olhemos, porque os montes que nos cercam são mais altos do que a colina sobre a qual estamos. Jerusalém foi edificada sobre esta colina, porque ela possuía abastecimento de água, mas a colina por si só não é tão alta quanto qualquer um dos montes ao redor.

E agora é o momento de examinar com detalhes o Salmo 125, outro dos Cânticos de Romagem. Este salmo começa com duas lições de geografia ministradas por Deus. A primeira lição se encontra no versículo 1: "Os que confiam no SENHOR são como o monte Sião, que não se abala, firme para sempre." O "monte Sião" mencionado aqui não é o monte Sião moderno, o monte Ocidental. Em vez disso, o salmista está se referindo à cidade original de Jerusalém junto ao monte do Templo adjacente. Ela abrangeria o ponto onde estamos agora... e a área logo aos lados norte e sul. E por fim, esta menção à permanência destes montes é um lembrete do incessante cuidado de Deus por aqueles que colocam nele sua confiança.

A segunda lição de geografia vem logo em seguida, no versículo 2: "Como em redor de Jerusalém estão os montes, assim o SENHOR, em derredor do seu povo, desde agora e para sempre." Este versículo é uma ilustração perfeita do porquê é valioso ver o contexto geográfico das Escrituras. Neste ponto, não importa para que direção nos voltemos, porque estamos *olhando para cima* em direção aos montes cujos topos são mais elevados já que a cidade original de Jerusalém era cercada por montanhas. Da mesma maneira, Deus prometeu cercar Seu povo a fim de protegê-lo.

Podemos descansar nessa segurança inabalável, porque Deus provê um muro contínuo de proteção ao nosso redor. Porém, podemos nos perguntar: *Se Deus prometeu nos oferecer segurança e proteção, por que coisas ruins acontecem aos que são os Seus seguidores?* De Jó a Jeremias e aos apóstolos, muitos homens e mulheres sinceros e tementes a Deus passaram por momentos de tensão e dor.

E esse é o ponto principal a ser observado aqui. O salmista *não está* dizendo que os seguidores do Senhor jamais terão problemas. Antes, ele está dizendo que aqueles que colocam a confiança em Deus não terão a fé abalada nos dias de tribulação porque o Senhor continuará com eles, mesmo durante esses tempos difíceis. Se lermos o versículo 3 no contexto, veremos que o salmista está dizendo que Deus continuará a sustentar Seu povo, assim que "O cetro dos ímpios não permanecerá sobre a sorte dos justos, para que o justo não estenda a mão à iniquidade". Deus manterá o mal dentro de certos limites para que Seus seguidores não venham a perder o ânimo e voltarem-se para o mal também.

A mensagem deste salmo é parecida com a mensagem de 1 Coríntios 10: "Não vos sobreveio tentação que não fosse humana; mas Deus é fiel e não permitirá que sejais tentados além das vossas forças; pelo contrário, juntamente com a tentação, vos proverá livramento, de sorte que a possais suportar" (v.13). Tribulações e tentações virão, mas elas estão sob o controle do Deus que está constantemente protegendo Seus seguidores para ter certeza de que eles não se tornem oprimidos pelas dificuldades.

O salmista termina o salmo com um desejo ou oração conclusiva a Deus: "Faze o bem, SENHOR, aos bons e aos retos de coração" (v.4). Ele pede a Deus que abençoe aqueles que são espiritual e moralmente justos e que leve embora ou remova os "malfeitores", aqueles que causam todos os problemas.

Um devocional sobre a Terra Santa

CAMINHANDO POR NOSSA TERRA

TODOS NÓS ENFRENTAMOS MOMENTOS na vida em que parece que o único caminho para seguir adiante é o poupar esforços, baixar os padrões e seguir o fluxo — porque dizem-nos que apenas bobões e perdedores fazem o que é certo e respeitam as regras. Durantes esses períodos de provação, precisamos erguer os nossos olhos espirituais e dar uma olhada para o horizonte celestial de Deus. Aqueles que se comprometem com os morais absolutos da Palavra de Deus têm uma âncora que os manterá firmes como a rocha sólida num clima moral instável.

Igualmente confiantes, eles podem depender da presença e da proteção de Deus, as quais são tão certas como os montes que cercam a cidade original de Jerusalém!

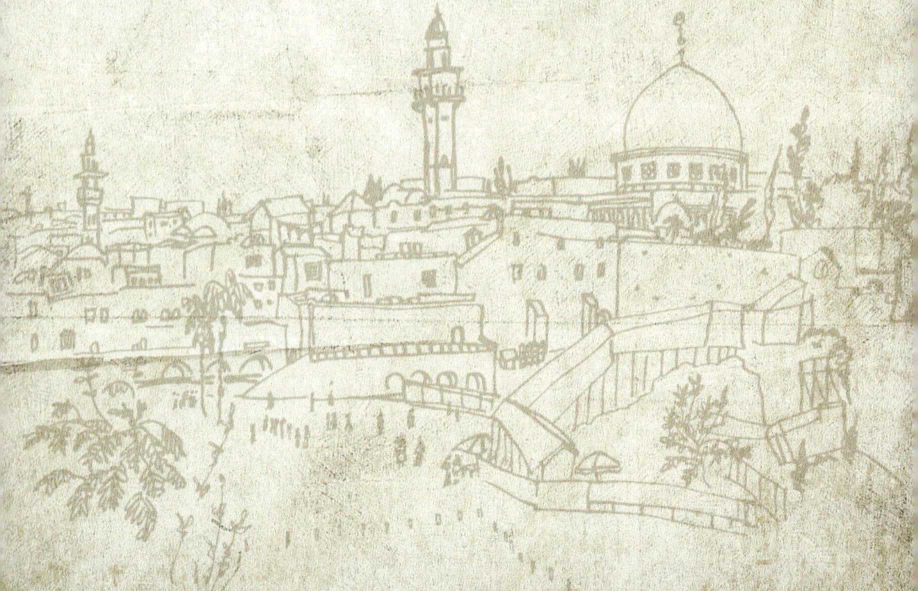

DIA 24

Nosso Construtor, Protetor e Provedor

Salmo 127

Algumas vezes, o relançamento de uma canção é mais popular do que a original. Se você já assistiu ao filme *Casablanca* de 1942, provavelmente se lembra de Ilsa pedindo ao pianista: "Toque-a, Sam. Toque *As Time Goes By*" (À medida que o tempo passa). A canção foi imortalizada por esse filme, mas pode ser que você não saiba que, na verdade, ela foi escrita onze anos antes, em 1931, para o musical da Broadway *Everybody's Welcome* (Todo o mundo é bem-vindo). Ela foi bem recebida no musical, mas sua popularidade duradoura veio de sua reutilização no famoso filme estrelado por Humphrey Bogart e Ingrid Bergman.

Existe uma canção na Bíblia com uma história parecida. Foi originalmente composta pelo rei Salomão, que era um compositor prolífico. O autor de 1 Reis 4:32 afirma que o rei escreveu 1.005 cânticos. Desse grande número, apenas dois entraram para o livro de Salmos, o livro de cânticos nacional de Israel. E, desses dois, um deles foi um tipo de "relançamento" a ser usado num contexto completamente diferente: o Salmo 127.

Nosso estudo deste salmo nos leva à abarrotada cidade de Jerusalém, a qual estava lotada de peregrinos reunidos para comemorar uma das três festas anuais da Israel. As ruas estreitas estão repletas, e as pessoas dormem em qualquer lugar onde conseguem desenrolar suas mantas. É um momento de empolgação, mas também é um momento em que a paciência pode se esgotar, e o estresse aumentar. E, talvez, seja esse o porquê de diversos salmos, incluindo o 127, terem sido incluídos nos Cânticos de Romagem — canções que deveriam ser entoadas enquanto os peregrinos subiam para Jerusalém a fim de celebrar uma das festas santas do ano.

Dez dos 15 salmos de romagem são anônimos, quatro foram escritos por Davi, e um foi escrito por Salomão. Independentemente da ambientação original de cada um, os salmos de Davi e de Salomão foram "relançados" e incluídos como parte desta coleção, dando-lhes um novo significado para a nação. Com isso em mente, vejamos o Salmo 127.

Este salmo de cinco versículos tem duas estrofes e três temas. A primeira estrofe, encontrada nos versículos 1 e 2, introduz os três temas. Deus é nosso Construtor, nosso Protetor e nosso Provedor. Primeiro, Ele é nosso *edificador*. "Se o SENHOR não edificar a casa, em vão trabalham os que a edificam" (v.1). Talvez, Salomão tenha primeiramente escrito este salmo enquanto estava construindo o Templo de Deus ou até mesmo seu próprio palácio. Porém, uma vez que o salmo entrou para esta coletânea, a casa se tornou uma metáfora para a vida toda. O sucesso na vida geralmente é resultado de trabalho duro. Entretanto, se o nosso trabalho não estiver alinhado com Deus e sustentado por Ele, no fim das contas, fracassará.

Salomão muda os temas então ao se centrar em Deus como nosso *protetor*. "Se o SENHOR não guardar a cidade, em vão vigia a sentinela" (v.1). Todos nós buscamos segurança e proteção. Instalamos cadeados e trancas nas portas e senhas nos computadores. No âmbito nacional, gastamos bilhões de dólares na defesa contra possíveis ataques. No entanto, Salomão lembra a seus leitores, e nós estamos incluídos, que a segurança

As muralhas da antiga cidade de Jerusalém à noite

final vem apenas de Deus. Sem a Sua proteção, não temos segurança verdadeira.

Salomão passa para o seu terceiro tema no versículo 2. Além de ser nosso *construtor e nosso protetor*, Deus também é nosso *provedor*. "Inútil vos será levantar de madrugada, repousar tarde, comer o pão que penosamente granjeastes; aos seus amados ele o dá enquanto dormem." As palavras de Salomão podem surpreender aqueles que têm familiaridade com todos os provérbios que ele escreveu a respeito da importância do empenho e do trabalho árduo. Contudo, o que Salomão diz aqui não entra em conflito com a mensagem do livro de Provérbios. Esse livro tem muito a dizer sobre o trabalho duro necessário para sobreviver à realidade do dia (do amanhecer ao anoitecer) de uma sociedade agrária. O Salmo 127 *não* está dizendo que Deus permitirá que Seus seguidores se tornem pessoas preguiçosas. Em vez disso, Salomão está afirmando que precisamos perceber que quaisquer benefícios que recebamos como fruto do nosso trabalho, no fim das contas, vêm de Deus. Ele é quem provê todo o necessário para as colheitas crescerem, até mesmo à noite enquanto dormimos!

Nos versículos 3 a 5, Salomão muda as ilustrações, enfatizando a bênção que são os filhos. Porém, seus três temas principais permanecem os mesmos embora ele os apresente agora em ordem inversa — focando em Deus como nosso *Provedor*, depois como nosso *Protetor* e depois como nosso *Edificador*. Deixe-me dizer que, logo no início, Salomão *não* está escrevendo para dizer que os filhos são melhores do que as filhas (como algumas poucas versões da Bíblia traduzem os versículos 3 e 4). Ele também não está afirmando algo contra planejamento familiar ou controle de natalidade, sugerindo que Deus quer que os pais tenham a quantidade máxima possível de filhos. Ao contrário, Salomão foca em algo altamente valorizado em sua cultura e o usa como uma ilustração para lembrar aos seus leitores que Deus é a principal fonte de bênçãos.

Em uma sociedade que atrela valor a famílias grandes, Salomão afirma que até mesmo os filhos vêm de Deus. "Herança do SENHOR são os filhos; o fruto do ventre, seu galardão" (v.3). Para que os ouvintes não sejam tentados a vangloriar-se de suas famílias, Salomão lembra a eles que Deus é o *provedor*. Filhos são presentes dele!

Deus também é o *protetor*. Os filhos que Deus concede aos homens são "Como flechas na mão do guerreiro" (v.4). Numa cultura que considerava as famílias grandes como meio de segurança e proteção, um homem com muitos filhos era como um guerreiro que ia para a baralha com uma aljava cheia de flechas. Mas Salomão lembrou a seus leitores de que até mesmo esta proteção no fim das contas vem de Deus. Lembre-se: "*herança do* SENHOR são os filhos" (ênfase adicionada).

Salomão conclui este salmo enfatizando, mais uma vez, o tema que ele usou no princípio: Deus é o nosso *construtor*, Aquele que promove a nossa causa e garante o nosso sucesso. E aquele que foi abençoado por Deus com filhos "não será envergonhado, quando pleitear com os inimigos à porta". Ser abençoado por Deus não significa que nunca enfrentaremos oposição ou obstáculos. As portas de uma cidade funcionavam como a corte judicial da época, e Salomão está visualizando uma cena em que o justo foi falsamente acusado por seus inimigos.

Mas, pelo fato de seus filhos serem capazes de levantar-se para defendê-lo tanto como testemunhas quanto como aliados, ele não precisa enfrentar a oposição sozinho. A provisão divina de filhos ajuda a garantir o sucesso.

CAMINHANDO POR NOSSA TERRA

AQUELES QUE, AO SE APROXIMAREM DE JERUSALÉM, cantavam essas verdades — de que Deus provê, protege e promove sua causa — eram lembrados de uma verdade mais fundamental sobre Deus. Trata-se de uma verdade que devemos lembrar também. Deus é a fonte do principal sucesso na vida. Infelizmente, muitos cristãos hoje vivem como ateus funcionais, louvando a Deus da boca para fora, mas agindo como se o sucesso dependesse apenas de seus esforços. Salomão quer que nos lembremos de que Deus é nosso edificador, nosso protetor e nosso provedor. Pensar o contrário disso é tolice — e perigoso.

Sendo assim, quanto você depende de Deus? Este pode ser um bom momento para examinar a sua vida. Certifique-se de que Deus realmente é o *seu* Construtor, Protetor e Provedor.

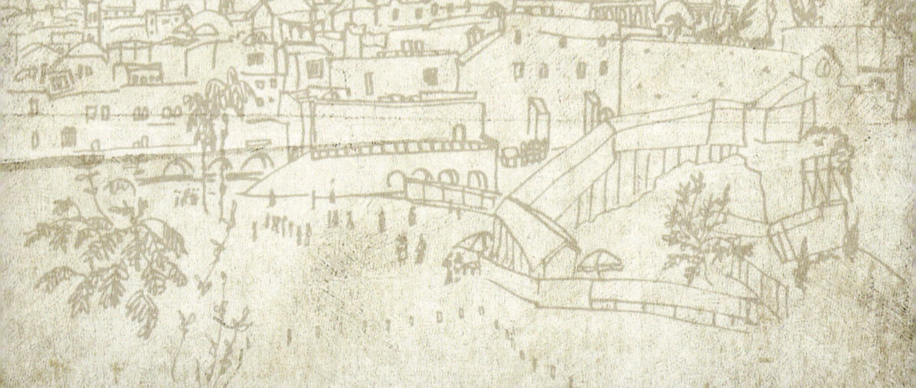

DIA 25

Tal Pai, tal Filho

Salmo 131

Todos nós já ouvimos a expressão, "A maçã não cai longe da árvore". A realidade por detrás dessa expressão é o fato de que os traços de caráter dos pais frequentemente se revelam nos filhos. A própria frase "A maçã não cai longe da árvore" existe desde o século 16 e prova que que as características da família muitas vezes passam de geração em geração. Às vezes, podem ser características físicas como a cor dos olhos ou os traços faciais. Outras, podem ser os modos, expressões faciais ou até a maneira de falar. Mas será que esta demonstração também se aplica no reino espiritual? Davi parece sugerir que sim no Salmo 131, um salmo de confiança infantil.

Embora o Salmo 131 liste Davi como seu autor, ele não foi incluído com a maioria de seus outros salmos no início do livro. Em vez disso, ele foi adicionado aos Cânticos de Romagem. O Salmo 131 é um salmo ilusoriamente simples e curto, com apenas três versículos, que pode ser facilmente negligenciado ao tentarmos ler nossa Bíblia apressadamente. Contudo, a mensagem é profunda, o que pode ser o motivo pelo qual este salmo foi inserido nesta coletânea. Vamos desacelerar um pouco a fim de observar com mais atenção este salmo de confiança.

Davi começou afirmando sua humildade diante de Deus. "SENHOR, não é soberbo o meu coração, nem altivo o meu olhar." O orgulho é um pecado várias vezes repetido na Bíblia. Ele induziu a rebelião de Satanás contra Deus. Quando Satanás tentou Adão e Eva, a essência da sua oferta foi de que eles poderiam tornar-se semelhantes a Deus. O livro de Provérbios frequentemente lembrava a Israel do perigo do orgulho. "A soberba precede a ruína, e a altivez do espírito, a queda" (16:18). O orgulho é uma visão inflada da própria importância e suficiência que diz: "Não preciso da ajuda de Deus. Sou bom o bastante para fazer isso por conta própria".

Davi permite que seus leitores saibam que ele não é autossuficiente! Na realidade, ele termina este primeiro versículo enfatizando seu espírito humilde, que é o oposto do orgulho: "não ando à procura de grandes coisas, nem de coisas maravilhosas demais para mim". É importante compreender o que Davi *não* está dizendo aqui. Ele não está sugerindo que a ignorância seja uma glória ou que não devamos lutar para aprender, crescer e nos desenvolver em maturidade. Em vez disso, ele tem em

Um soldado israelense com a filha nos braços

mente esses aspectos da vida sobre os quais ele sabe não ter controle. Ao invés de vangloriar-se das próprias habilidades, Davi está disposto a reconhecer humildemente que o Deus de Israel é Deus, ao passo que ele — Davi — não é.

Em vez de afirmar que é o mestre do próprio destino e capitão da própria alma, Davi começa reconhecendo que existem muitas coisas na vida que simplesmente estão além da sua compreensão. Ele aceita humildemente o controle soberano de Deus, mas isso não significa que Davi veja a si mesmo como um boneco passivo em forma humana sendo levado pela vida sem controle. Fala sobre o papel fundamental que desempenha em seu relacionamento com Deus, e é muito mais difícil executá-lo do que possa parecer. Descreve esse papel no versículo 2: "Pelo contrário, fiz calar e sossegar a minha alma; como a criança desmamada se aquieta nos braços de sua mãe, como essa criança é a minha alma para comigo".

A imagem que Davi pinta é de uma criança que não é mais um bebezinho de colo, mas tem em torno de 3 anos. Crianças novinhas são adoráveis, mas também são incrivelmente exigentes e ainda têm muitas necessidades que devem ser supridas pelos pais. Davi deliberadamente escolhe a imagem de uma criança um pouco mais velha, que já foi desmamada. Na época do salmista, uma criança poderia mamar no peito até aproximadamente 3 anos. Uma criança com esta idade é mais velha, mais madura e mais capaz de se controlar. Mais do que isso, uma criança de 3 anos está numa idade mágica, possuindo uma sensação de curiosidade, fé ingênua e confiança. A tarefa de Davi na vida é desenvolver a confiança infantil em Deus, uma confiança que o mantenha perto do Senhor com um espírito de contentamento.

Davi concentrou seus esforços em desenvolver o tipo de confiança em Deus que uma criança instintivamente tem em sua mãe. E, então, no versículo final deste breve salmo, ele toma esta verdade e a aplica aos seus ouvintes. "Espera, ó Israel, no SENHOR, desde agora e para sempre." A palavra para "esperar" transmite a ideia de aguardar com expectativa, semelhantemente à maneira como a criança se comporta depois de pedir um copo de água para a mãe — esperando com paciência, mas expectativa.

Observe que este último versículo tem uma semelhança impressionante com o penúltimo versículo do salmo anterior: "espere Israel no SENHOR, pois no SENHOR há misericórdia; nele, copiosa redenção" (130:7). O Salmo 130 nos diz o *porquê* devemos esperar com confiança em Deus; por causa do Seu amor leal e de Sua abundante redenção. O Salmo 131 nos diz *como* esperar em Deus — com a confiança inocente de uma criança.

Um devocional sobre a Terra Santa

CAMINHANDO POR NOSSA TERRA

JESUS FOI O FILHO SUPREMO que demonstrou confiança inabalável no Pai em todas as circunstâncias, humilhando-se a ponto de dizer: "não se faça a minha vontade, e sim a tua" (Lucas 22:42). Davi tentou com todas as forças ser o mesmo tipo de filho humilde e obediente e terminou o salmo convocando-nos a seguir seu exemplo. O orgulho (a atitude de achar que se pode fazer tudo por conta própria) e a impaciência (querer tudo imediatamente) nos levam a um conflito com Deus, ao passo que a humildade e o sentimento de confiança paciente nos colocam no relacionamento correto com Ele.

Jesus é nosso exemplo supremo. Lembre-se: tal Pai, tal Filho. Nós também podemos confiar em Deus ao longo de nossa jornada pela vida. Tenha "esperança" nele, esperando com expectativa que Ele o conduza — e então siga em Seu caminho.

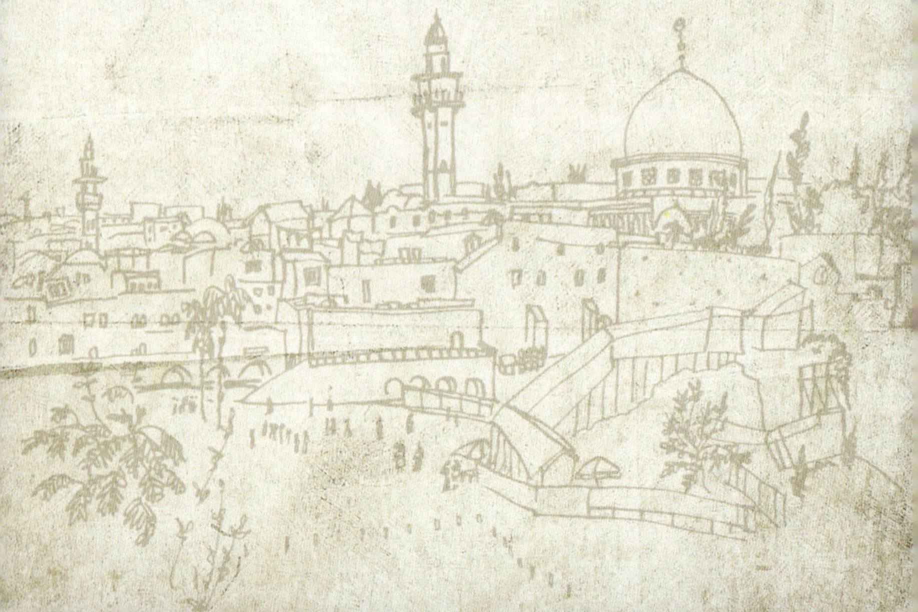

DIA 26

As bênçãos da unidade

Salmo 133

Existe um velho ditado irlandês usado para brincar com a família e os amigos que contém, em grande parte, uma verdade:

Viver no alto com os Santos, amamos;
Ah, isso é a mais pura glória.
Viver embaixo com os Santos, sabemos,
Ah, isso é outra história!

Esta rima sempre vem à minha mente aproximadamente no quinto dia das viagens a Israel! O *jet lag* já foi superado, estamos todos acomodados, e nossos dias e nossas noites já estão em sintonia. Mesmo assim, notamos então que alguns poucos membros do grupo parecem estar mexendo com os nervos de todos. Eles são aqueles que estão *sempre* cinco minutos atrasados para voltar para o ônibus a cada parada! Atrasam todo mundo na fila do jantar enquanto examinam cada folha de alface da salada antes de colocá-las no prato!

Por que será que as idiossincrasias das pessoas parecem apenas vir à tona quando nos reunimos em grupos? E por que essas pequenas irritações aborrecem tanto? Sinto-me feliz que nosso destino hoje seja o monte Hermom, porque acho que este local pode nos ajudar a responder essa pergunta.

O monte Hermom se eleva a 2.800 metros acima do nível do mar. É a montanha mais alta de Israel. As cidades de Dã e Cesareia de Filipe estão aninhadas na base do monte Hermom, mas não dá para ter uma boa vista da montanha a partir de qualquer uma

Vista do monte Hermom com o topo coberto de neve, a partir da cidade de Hazor

Um devocional sobre a Terra Santa

delas. Elas estão muito próximas. Assim sendo, paremos perto da antiga cidade de Hazor para conseguir uma boa visão. O monte Hermom ainda está a 48 quilômetros de distância, mas, daqui, podemos ver como a montanha domina a vista para o norte.

Contudo, o que o majestoso monte Hermom tem a ver com o sempre atrasado fiscal de alface agora sentado à sua frente no ônibus? Para encontrar a resposta, precisamos visitar Jerusalém durante uma das festividades anuais do Senhor. Imagine ter de passar pela cidade lotada de Jerusalém com esta pessoa — e milhares de outras — três vezes por ano quando nos reunimos como nação diante do Senhor! O que deveria ser um momento de inspiração espiritual facilmente seria dominado pela irritação!

Acredito que seja por isso que o Salmo 133 tenha sido inserido nos Cânticos de Romagem. Originalmente escrito por Davi, este salmo enfatiza os benefícios da unidade fraternal, e Davi usa o monte Hermom como uma de suas lições práticas. Talvez tenha escrito o salmo depois de tornar-se rei, finalizando um período de guerra civil entre as tribos. No entanto, independentemente do panorama original, os compiladores posteriormente o incluíram como parte desta coletânea de salmos entoada por milhares de peregrinos que subiam a Jerusalém para adorar o Senhor.

O salmo começa com uma declaração simples: "Oh! Como é bom e agradável viverem unidos os irmãos!". Viver em união simplesmente não era o objetivo. Em vez disso, a meta era viver em unidade de propósito e coração. Tal unidade, Davi escreve, é tanto moralmente boa quanto socialmente agradável. A unidade sempre é certa do ponto de vista de Deus; é o que impede que a estrutura da sociedade se desfaça.

Davi usa então dois exemplos para ilustrar os benefícios de tal unidade. Primeiro, ele compara os benefícios da verdadeira unidade com o óleo que Moisés derramou sobre a cabeça de Arão quando ele o ungiu sumo sacerdote. "É como o óleo precioso sobre a cabeça, o qual desce para a barba, a barba de Arão, e desce para a gola de suas vestes" (v.2). Em Êxodo 40, Deus anunciou que Arão e seus filhos deveriam ser separados para o "sacerdócio perpétuo durante as suas gerações" (v.15). Isso aconteceu quando Moisés "derramou do óleo da unção sobre a cabeça de Arão e ungiu-o, para consagrá-lo" (Lv 8:12).

Assim que o óleo perfumado da unção escorreu pela cabeça de Arão até sua barba e depois gotejou em suas vestes sacerdotais, ele foi *santificado* — separado para Deus de uma forma especial e única. Davi está dizendo que, quando vivemos em unidade, cada um de nós ajuda a empurrar o outro mais para perto do

Senhor. E como isto funciona? O autor de Hebreus sugere que isso acontece à medida que nos encorajamos e nos apoiamos em nossa caminhada com Deus. "Consideremo-nos também uns aos outros, para nos estimularmos ao amor e às boas obras. Não deixemos de congregar-nos, como é costume de alguns; antes, façamos admoestações e tanto mais quanto vedes que o Dia se aproxima" (Hb 10:24,25). Congregar, encorajar um ao outro e demonstrar amor e preocupação prática. Estas são formas pelas quais ajudamos a levar os outros para perto de Deus. Estes são os *efeitos santificadores* da união fraternal.

Davi ilustra então, no versículo 3, o *efeito sustentador* que a unidade fraternal pode exercer sobre nós, impulsionando-nos nos momentos difíceis da nossa vida. É aqui que ele leva seus leitores para um passeio majestoso por Israel, desde o monte Hermom ao norte até o monte Sião ao sul. A unidade fraternal é como "o orvalho do Hermom, que desce sobre os montes de Sião". A ilustração de Davi é extraída dos meses áridos de verão em que chuva alguma cai em Israel. Na maioria dos dias de verão, sopra uma brisa quente e úmida vinda do Mediterrâneo. À noite, quando o sol se põe, e o calor irradia para o céu noturno, a temperatura pode cair abaixo do ponto de condensação, especialmente em altitudes mais elevadas. Embora o monte Hermom receba grande quantidade de chuva no inverno, é o orvalho do verão que ajuda a alimentar e sustentar as árvores e os arbustos que crescem nas encostas ao longo da estação seca.

Da mesma forma, a unidade fraternal tem um efeito sustentador sobre aqueles que a experimentam. Davi diz que é como se o orvalho pesado do monte Hermom também pudesse cair sobre os cumes mais baixos do monte Sião, levando a umidade para sustentá-los ao longo do árido verão. Assim como Deus fazia cair o orvalho físico nos cumes do monte Hermom, Ele prometeu trazer Suas "bênçãos" àqueles que se reunissem para adorá-lo em Jerusalém.

CAMINHANDO POR NOSSA TERRA

NOSSO TEMPO NO MONTE HERMOM não é um momento apenas de beleza, mas também de praticidade. A aridez inoportuna do verão é um lembrete de que há fases em que a chuva e a neve refrescantes que oferecem sustento são substituídas por momentos de esterilidade espiritual. Mesmo assim, nesses momentos, até um leve orvalho ajuda. "O orvalho do Hermom" desempenha um papel fundamental em sustentar a vida durante os meses secos de verão; e o mesmo fazem as pessoas que Deus coloca em nossa vida. Elas nos ajudam a crescer e a nos tornar povo de Deus. Numa era de mensagens de texto e *tweets*, muitas vezes corremos o risco de substituir a interação pessoal pela comunicação impessoal, talvez permitindo que nossas mídias sociais ocupem o lugar dos momentos de contato face a face com amigos e familiares e — sim — até de conhecidos casuais que Deus coloque em nossa vida. Quando deixamos que essas conveniências substituam as interações pessoais, podemos empobrecer espiritualmente, e os fortes laços de unidade podem se desgastar.

Então, não abandone o momento de congregar, o momento de união, que é santificador e sustentador — mesmo que haja pessoas inconvenientes ao seu redor. Veja se vocês podem reunir-se para fazer alguma refeição juntos, e pergunte sobre a jornada espiritual de cada um. Talvez, você possa descobrir que as lições que Deus está ensinando a eles podem ajudá-lo em sua caminhada espiritual. Deus pode usá-las para atraí-lo até Ele e o encorajar em sua caminhada de fé. Lembre-se de que é bom e agradável quando *todos* os cristãos vivem unidos!

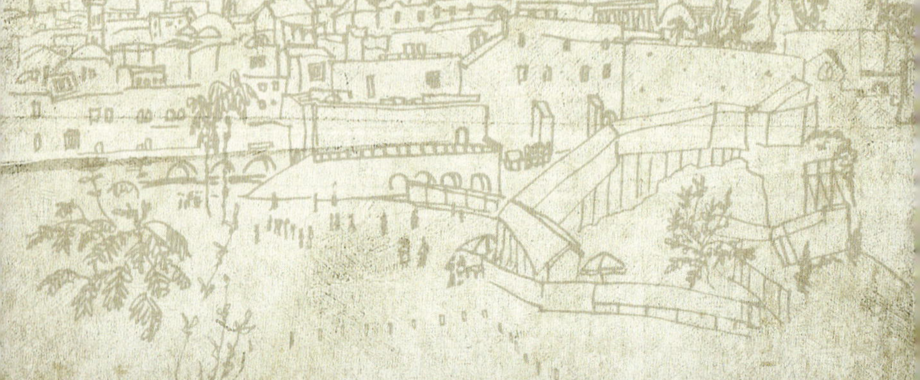

DIA 27

Turno da noite

Salmo 134

Quando cursava o Ensino Médio, eu tinha um amigo que trabalhou durante um tempo como guarda-noturno numa companhia têxtil local. Certa noite, eu dirigia para a fábrica a fim de visitar Danny. Andávamos juntos por lá enquanto ele fazia uma de suas frequentes rondas pela empresa. Aquela foi a primeira vez que vi um relógio de registro de ronda de um vigia noturno — um relógio com uma bolsa de couro e uma reentrância para inserir chaves em uma das extremidades. Enquanto caminhávamos pelos andares da fábrica, Danny parava em lugares diferentes e inseria uma chave que estava pendurada lá no relógio, a qual registrava então o momento em que ele visitou o local.

Aquele relógio tinha um propósito muito útil. A tarefa do vigia noturno era guardar e proteger a empresa quando ninguém mais estivesse por perto. Porém, quem estaria ali para certificar-se de que o vigia noturno não tiraria uma soneca? O relógio do profissional foi projetado realmente para essa finalidade: certificar-se de que o guarda estaria acordado e fazendo suas rondas pela fábrica numa programação regular. O relógio o ajudaria a permanecer fiel aos horários em que ninguém mais estivesse presente para fiscalizá-lo.

E isso me levou a pensar: Como teria sido trabalhar no turno da noite no Templo de Jerusalém? Em seu livro *The Temple — Its Ministry and Services* (O Templo — seu ministério e serviços), Alfred Edersheim ajuda a dar a resposta. Ele descreveu as muitas atividades que ocorriam durante à noite no Templo. Os adoradores iam embora, as grandes portas eram fechadas, mas o trabalho continuava. O complexo todo precisava ser guardado. O menorá tinha de permanecer aceso, com suas cavidades cheias de azeite de oliva, e com os pavios aparados. Os pátios precisavam ser limpos, e todas as ofertas coletadas no dia anterior precisavam ser contadas. A madeira para o altar de sacrifício deveria ser reabastecida, e os animais para o sacrifício do dia seguinte deveriam ser selecionados.

Havia muito a ser feito, e o trabalho não poderia ser terceirizado. Tinha de ser feito pelos sacerdotes e levitas. Diante disso, imagine que você seja um sacerdote designado para o turno da noite no Templo. Você reporta para trabalhar no momento em que o sacrifício da noite está sendo oferecido e que os últimos adoradores estejam se preparando para sair e ir para casa. O trabalho pode ser empolgante nos dois primeiros dias, mas, depois, a realidade entra em cena. A noite é escura, e quase sempre fria. É difícil trabalhar durante a noite toda e depois tentar dormir de dia. Falta toda aquela energia que vem de ministrar aos visitantes durante o dia. Quem realmente se importa se você é responsável por encher de óleo as lamparinas do menorá à meia-noite? Deus pode ter ordenado que Aarão e seus filhos mantivessem "em ordem, desde a tarde até pela manhã, perante o SENHOR" (Êx 27:21), mas não se tratava de um trabalho glamoroso!

Essa é uma das razões para eu amar o Salmo 134, o último salmo dos 15 reunidos nos Cânticos de Romagem. Este salmo conclui o período de tempo dos peregrinos em Jerusalém ao se prepararem para voltar aos seus lares. O salmo por si só é muito curto, apenas três versículos. Mesmo assim, tem uma mensagem importante para aqueles que trabalham no turno da noite, aqueles que trabalham muitas vezes sozinhos e frequentemente com pouco reconhecimento e sem valorização.

Pôr do sol em Jerusalém

O salmo é um hino de bênção dividido em duas partes; cada uma tem um orador e ouvintes diferentes. Nos versículos 1 e 2, o povo de Israel é quem fala, e suas palavras são dirigidas aos sacerdotes; especificamente aos sacerdotes que trabalham no turno da noite. Estes dois versículos começam e terminam com o povo convocando estes sacerdotes: "Bendizei ao SENHOR".

Isto não significa que o povo estivesse pedindo que os sacerdotes transmitissem de alguma forma uma bênção especial a Deus. Ele já é perfeito, e nada podemos adicionar à Sua perfeição. Quando a palavra "bendizer" é usada com referência a Deus, ela se refere ao nosso ato de adorar ou reverenciá-lo. A palavra pode significar também "prostrar-se", e é nesse sentido que bendizemos a Deus: ao adorá-lo prostrados, de joelhos dobrados, por assim dizer, reconhecendo Sua suprema glória e Sua grandeza.

As pessoas identificavam estes sacerdotes como "servos do SENHOR" e como aqueles que serviam "na Casa do SENHOR". À medida que as multidões iam embora, os sacerdotes do turno da noite começavam seu trabalho, que não era exposto ao público, o que pode parecer menos glamoroso. No entanto, as palavras de despedida dos adoradores lembram a estes sacerdotes que o ministério deles é ao Deus do Universo. É a Ele que estão servindo; é a Ele que estão apresentando-se durante toda a noite; é a Ele que buscam adorar por meio de suas ações.

É quase como se a multidão estivesse prenunciando as palavras de Paulo para os novos convertidos escravos na cidade de Éfeso, onde o apóstolo os convocava a não servirem "à vista, como para agradar a homens, mas como servos de Cristo, fazendo, de coração, a vontade de Deus; servindo de boa vontade, como ao Senhor e não como a homens" (Ef 6:6,7). Da mesma forma, as pessoas que estavam agora deixando Jerusalém convocam os sacerdotes para continuar servindo a Deus mesmo à noite, quando os outros não estão presentes para ver ou expressar o reconhecimento pelo que eles estão fazendo.

Então, no último versículo do salmo, os sacerdotes devolvem o favor, clamando a Deus para abençoar a multidão que partia. "De Sião te abençoe o SENHOR, criador do céu e da terra!" (v.3). Os sacerdotes usam a mesma palavra para "bendizer", mas, agora, como mediadores entre Deus e o povo, estão pedindo que Deus estenda Sua bênção ao povo. Os peregrinos deixam o monte Sião para voltar para casa, mas os sacerdotes pedem que Deus os abençoe em sua jornada.

CAMINHANDO POR NOSSA TERRA

ESTE BREVE SALMO nos lembra de que nenhuma tarefa é inferior se é executada para servir a Deus. Quer seja encher as lamparinas do Templo de óleo no meio da noite — quer seja trocar fraldas no berçário da igreja —, se estamos servindo a Deus, então nosso trabalho tem importância. Mesmo que outras pessoas não vejam ou valorizem o que estamos fazendo, Deus o faz.

A outra verdade que podemos extrair é que precisamos fazer uma pausa intencional e demonstrar reconhecimento àqueles que estão servindo ao Senhor longe das vistas do público. No próximo domingo, passe pelo berçário da igreja ou pelas classes da Escola Bíblica e diga a todos os colaboradores que você valoriza muito o trabalho deles. Vá até o guarda ou ao manobrista ou ao recepcionista e diga-lhes o quanto você aprecia o trabalho que realizam para Cristo.

Lembre-se: o dom da gratidão é um presente que você pode doar para enriquecer os outros sem empobrecer-se com isso!

DIA 28

Repetição e revisão

Salmo 136

Certa vez, eu tive um professor que tinha uma teoria: segundo ele, o segredo para a comunicação efetiva eram a repetição e a revisão. Diga às pessoas o que você está prestes a dizer. Depois, diga de fato. Depois, diga-lhes o que você disse. E é exatamente isso o que o escritor do Salmo 136 deveria ter em mente ao compor este último salmo de ação de graças a Deus.

O Salmo 136 totaliza 26 versículos na Bíblia, mas rapidamente se torna claro que o salmista quer nos convencer apenas de dois pontos principais usando repetição e revisão. Seu primeiro ponto enfatiza *o que* ele quer que seus ouvintes façam. Versículo

1: "Rendei graças ao SENHOR". Versículo 2: "Rendei graças ao Deus dos deuses". Versículo 3: "Rendei graças ao Senhor dos senhores". E, a menos que você não entenda a questão, ele volta para revisar o primeiro ponto no último versículo. "Tributai louvores ao Deus dos céus." Então, *o que* ele quer que façamos? Que demos uma pausa e agradeçamos a Deus!

Mas isso levanta uma questão: *Por que* deveríamos ser tão gratos a Deus? E o autor nos prové a resposta ao abordar o segundo ponto, usando mais uma vez a repetição e a revisão para convencer de sua mensagem. No versículo 1, ele diz que deveríamos dar graças ao Senhor porque Deus é "bom". A palavra hebraica para "bom", *tov*, é usada num sentido amplo ao longo do Antigo Testamento a fim de descrever algo agradável, aprazível, favorável, afável ou benéfico. Quando usada para descrever Deus, a ideia fundamental de *tov* é Sua bondade moral. O escritor está simplesmente dizendo que deveríamos ser gratos a

Vista para os montes escarpados ao redor do monte Sinai

Deus porque a essência de Sua natureza é boa. A Bíblia nos diz que Deus é amável, justo, misericordioso, afável, honesto, fiel e digno de confiança. Todas essas características o tornam "bom".

Mas não devemos apenas agradecer a Deus por quem Ele é. O autor também explica — 26 vezes para ser exato! —, que devemos agradecer a Deus *pelo que Ele tem feito*. Todos os versículos deste salmo terminam exatamente do mesmo jeito: "porque a sua misericórdia dura para sempre". Sabemos que Deus é bom, porque Ele continuamente demonstra Seu amor leal aos Seus seguidores no decorrer das eras.

Uma vez que o salmista usa esta frase em todos os versículos, busquemos ter a certeza de que compreendemos exatamente o que ela significa. A palavra para "misericórdia" é *hesed*, e é uma das palavras mais incríveis da Bíblia em hebraico. Certamente, ela indica bondade e benevolência, mas o termo significa muito, muito mais. Tem relação com fidelidade: a disposição de manter-se fiel aos compromissos. Transmite a ideia de estender ajuda aos menos afortunados. E, segundo diz o salmista, Deus continuará demonstrando Seu amor fiel "para sempre" (literalmente, "por todas as eras"). Muito depois que o *Coelhinho da Duracell* parar de tocar seu tambor, o amor e o zelo fiel de Deus continuarão infinitamente!

Porém, como sabemos que a misericórdia de Deus não tem fim? O salmista leva seus leitores a uma jornada longa através da história para defender o seu ponto de vista. Ao ler a primeira linha de cada versículo, começando pelo versículo 5, você pode seguir o passeio histórico do salmista. Nos versículos 5 a 9, ele traça o poder incrível de Deus na criação. Desde a criação dos céus pela formação do Sol, da Lua e das estrelas, Deus projetou fielmente o Universo de forma perfeita para a humanidade.

Nos versículos 10 a 15, o salmista traça o amor leal de Deus por Israel ao libertar os israelitas do Egito "com mão poderosa e braço estendido" (v.12). Deus "separou em duas partes o mar Vermelho" e depois "precipitou no mar Vermelho a Faraó e ao seu exército" na mesma água (vv.13,15). Deus tinha prometido a Abraão que tiraria Seus descendentes do Egito (Gn 15:13,14), e Ele fielmente cumpriu a Sua palavra.

O salmista resume os 40 anos no deserto no versículo 16, declarando que Deus "conduziu o seu povo pelo deserto". Então, ele assinala a conquista da Terra Prometida nos versículos 17 a 22. Deus "feriu grandes reis" (v.17), "cujas terras deu em herança" (v.21). Em apenas 18 versículos, o autor compartilha uma vista panorâmica da História — desde a criação até a conquista.

E então, a menos que alguém de alguma forma não tenha compreendido a questão, este mestre mais uma vez usa repetição e revisão. Nos quatro últimos versos, ele resume tudo o que acabou de dizer — em ordem inversa! Nos versículos 23 e 24: Não se esqueça do que Deus tem feito por Israel. Ele "se lembrou de nós em nosso abatimento" e "nos libertou dos nossos adversários". No versículo 25: e lembre-se de como Ele estava pensando em nós mesmos até mesmo ao planejar a criação. Ele "dá alimento a toda carne". E então finalmente no versículo 26: portanto, o que deveríamos fazer como resultado? "Oh! Tributai louvores ao Deus dos céus porque a sua misericórdia dura para sempre."

Não se esqueça de agradecer a Deus por Seu amor leal ao orar!

Um devocional sobre a Terra Santa

CAMINHANDO POR NOSSA TERRA

TODO ANO, os Estados Unidos usam a quarta quinta-feira de novembro como um momento de dar graças a Deus. O Canadá separa a segunda segunda-feira de outubro como dia nacional de ação de graças. Mas, como seguidores de Deus, deveríamos ser agradecidos *todos* os dias do ano. Devemos agradecer a Deus por quem Ele é e por todas as bênçãos que Ele tem derramado sobre nós. Mas, às vezes, quando a vida está difícil, podemos achar complicado corresponder a Deus com o coração agradecido. E é exatamente nesse momento que o segredo da repetição e da revisão do Salmo 136 pode tornar-se tão útil.

Em uma folha de papel ou num caderno escreva todas as descrições de Deus que você puder imaginar. Ele é o Criador, o Bom Pastor, Aquele que acalma o vento e as ondas. Essa pequena lista o ajudará a começar. O desafio é concentrar-se em Deus e no que a Bíblia diz a respeito dele. Depois, em outra folha de papel, escreva todas as vezes que, em sua vida, Deus respondeu suas orações, supriu suas necessidades ou resolveu os seus problemas. Tente ser o mais específico possível — nomes, datas e lugares!

Agora leia ambas as listas uma linha de cada vez. Depois de cada linha, faça uma pausa e diga para si mesmo: "Porque a sua misericórdia dura para sempre". Repetição e revisão. É uma boa maneira de dominar as informações… e colocar a vida em perspectiva!

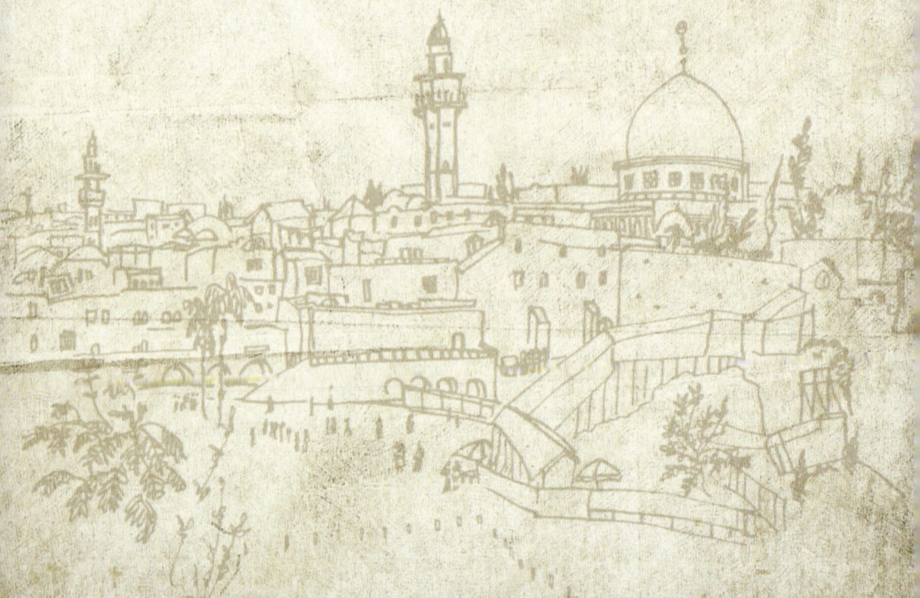

DIA 29

Os músculos de um homem
Salmo 147

O falecido Dr. J. Dwight Pentecost, célebre professor de ensino bíblico no Seminário Teológico Dallas, tinha a aparência de um profeta do Antigo Testamento. O Dr. P, como era conhecido por todos, tentava apresentar uma personalidade séria, quase carrancuda. Ele era o "Cristão Cara de Bode Irritado"! Porém, lá no fundo, o homem era uma manteiga derretida. Ele tinha um coração servil e um grande senso de humor.

Contudo, eu admito que fui pego de surpresa durante uma viagem a Israel com o Dr. P quando alguém perguntou se ele estava planejando usar bermuda. Tentei imaginar o respeitável Dr. P de bermuda, mas deu um branco na minha mente. O Dr. P me surpreendeu, levando-me de volta para a realidade, com sua resposta perspicaz ao nosso amigo participante: "[Deus] nem se compraz nos músculos [N.E.: no hebraico, pernas] do guerreiro!" (Sl 147:10). Tive de pegar a minha concordância bíblica, e foi aí que descobri o Salmo 147.

Para entender este salmo, quero que você me siga enquanto estivermos *subindo, subindo e subindo* o monte das Oliveiras. Tudo bem; chegamos ao topo. Como estão os músculos das suas pernas? Se eles parecem de borracha, você não está sozinho. Sei que algumas pessoas conseguem correr a toda velocidade até o cume e mal suam, mas *a maioria* acha bem difícil até caminhar. Agora que chegamos ao topo, vire-se e contemple Jerusalém. Imagine um templo bem ali onde o Domo da Rocha se encontra hoje. Essa é a vista que você precisa ter diante de si ao começarmos nosso estudo deste salmo!

O Salmo 147 começa e termina com a mesma ordenança: "Louvai ao SENHOR!". No hebraico, a palavra é *Hallelujah*, que significa gritar em louvor quase ao ponto de orgulhar-se. E a quem devemos gritar em louvor? De quem devemos nos orgulhar? De *Yah*, forma abreviada de *Yahweh*, o Deus de Israel que guarda alianças. O Deus cuja presença visível é representada pelo Templo logo ali abaixo.

O salmo é dividido em três estrofes, e cada uma começa com um chamado de louvor a Deus. Vimos esse chamado no primeiro versículo. Agora, olhe o início da segunda estrofe no versículo 7. "Cantai ao SENHOR com ações de graças". E olhe mais uma vez a terceira estrofe, que começa com: "Louva, Jerusalém, ao SENHOR" (v.12). A cidade é instruída e convocada a orgulhar-se

Vista de Jerusalém e do Domo da Rocha no topo do monte das Oliveiras

de Deus, a gritar e cantar louvores a Ele. Mas o que diz respeito a Deus que nos motiva a dar ações de graças a Ele? Para responder essa pergunta, olhemos com mais atenção às três estrofes. Cada uma segue um padrão parecido. O salmista primeiramente emite o *chamado* para o louvor e, depois, segue compartilhando a *causa* do louvor, o motivo pelo qual devemos ser tão gratos a Deus.

Nos versículos 1 a 6, devemos louvar a Deus por causa de Suas incríveis obras. No versículo 2, descobrimos que Deus "edifica Jerusalém" e "congrega os dispersos de Israel". O salmista está descrevendo o momento em que o povo novamente se reúne e reedifica Jerusalém e o Templo, provavelmente após o exílio babilônio. É nesse momento em que Deus trouxe o Seu povo de volta do cativeiro. O autor descreve o exílio como se fosse uma ferida profunda na própria alma do povo judeu, e alegremente anuncia que Deus "sara os de coração quebrantado e lhes pensa as feridas" (v.3).

Mas depois o salmista faz o que parece ser um salto dramático na lógica. O Deus que restaurou Seu povo é o mesmo Deus que governa o próprio Universo. Ele "conta o número das estrelas, chamando-as todas pelo seu nome" (v.4). Mas por que o salmista mudou de tópico para começar a falar a respeito do controle de Deus sobre as estrelas no céu? Era um lembrete de que o Deus que fez o impossível por eles também é o Deus "mui poderoso" e cujo "entendimento não se pode medir" (v.5). Podemos ser gratos porque o Deus que coloca em movimento e controla o Universo é o mesmo Deus que se inclina para ajudar os necessitados.

Na segunda estrofe, versículos 7 a 11, o salmista continua com este tema. Depois de convocar o povo a cantar louvores e ações de graças, ele explica como Deus supre as nossas necessidades de formas misteriosas. Deus "cobre de nuvens os céus", "prepara a chuva para a terra" e "faz brotar nos montes a erva" (v.8). Deus também "dá o alimento aos animais e aos filhos dos corvos, quando clamam" (v.9). Primeiro, este foco no controle de Deus sobre o tempo e o cuidado até mesmo com os filhos dos corvos não parece fazer sentido, mas acompanhe o raciocínio do salmista. Deus cobre as nuvens... o que produz chuva... o que faz a erva crescer... o que alimenta os animais. Pode ser que não compreendamos completamente por que Deus age da maneira como age. No entanto, *Ele* entende cada detalhe da vida a ponto de permitir que as tempestades literais e metafóricas da vida sirvam para um propósito necessário.

E *é aí* que o salmista insere o versículo que o Dr. Pentecost citou! "Não faz caso da força do cavalo, nem se compraz nos músculos [N.E.: no hebraico, pernas] do guerreiro" (v.10). Mas é claro que este versículo *não* se refere realmente a usar bermudas! O autor está perguntando o que agrada o Deus de tamanha sabedoria e incrível poder. Não são as coisas que podemos considerar poderosas. O cavalo era o animal mais veloz que o homem conseguia dominar, e os músculos das pernas são a parte mais forte do nosso corpo. Mas Deus não se impressiona com essas coisas que muitas vezes nos impressionam. Em vez disso, o salmista diz: "agrada-se o SENHOR dos que o temem e dos que esperam na sua misericórdia" (v.11). Deus aprecia aqueles que não se concentram na própria força, mas, que ao contrário, reconhecem que dependem dele!

A última estrofe deste salmo se encontra nos versículos 12 a 20. O autor convoca o povo a dar graças a Deus por Sua proteção e Sua bênção. Jerusalém pode ter sido reedificada, mas a cidade ainda precisava lembrar-se de que era Deus quem "reforçou as trancas das tuas portas" (v.13). No fim das contas, foi Deus, e somente Deus, que pôde estabelecer "a paz nas tuas fronteiras" (v.14).

Pela terceira vez, o salmista usa uma comparação incomum para convencer-nos do seu ponto de vista — desta vez apontando para o clima violento que Deus pode desencadear sobre a terra: "dá a neve como lã e espalha a geada como cinza. Ele arroja o seu gelo em migalhas; quem resiste ao seu frio?" (vv.16,17). Por ter nascido e crescido no nordeste dos Estados Unidos, tenho lembranças vividas do frio, da neve e do gelo que Deus pode enviar sobre a Terra. Porém, o Deus que pode enviar problemas como granizo caindo do céu também é o Deus que "Manda a sua palavra e o derrete" (v.18).

Depois de mencionar os comandos de Deus à natureza, o autor termina lembrando a Palavra escrita enviada por Deus ao Seu povo: "Mostra a sua palavra a Jacó, as suas leis e os seus preceitos, a Israel" (v.19). O Deus do Universo generosamente compartilhou a Sua palavra escrita com Israel, e, por conseguinte, com Seus seguidores hoje.

CAMINHANDO POR NOSSA TERRA

ASSIM SENDO, O QUE PODEMOS APRENDER a partir do Salmo 147? Penso que podemos aprender como louvar a Deus. Louvamos a Deus por causa da Sua grandeza e de Seu poder incomparáveis — que Ele usa para cuidar dos seus filhos. Louvamos a Deus, porque Ele compreende as complexidades da vida de uma forma que lhe permite operar para que todas as coisas cooperem para suprir as necessidades de Seus seguidores (veja Rm 8:28). Louvamos a Deus porque a Sua incrível obra por meio da natureza é ofuscada pelo que Ele nos revelou em Sua Palavra.

Deus não se agrada dos músculos das pernas de um homem, mas tem grande deleite nos seguidores que se submetem a Ele com temor e reverência, naqueles que o buscam para suprir as suas necessidades, que confiam nele mesmo em meio às incertezas da vida, que humildemente buscam ler e obedecer à Sua Palavra!

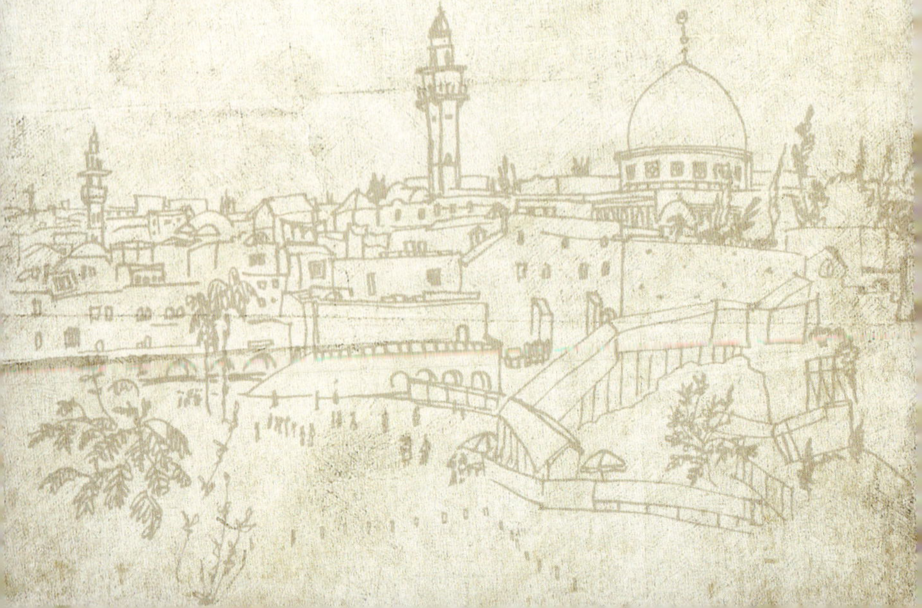

DIA 30

Que a banda comece a tocar

Salmo 150

Se eu disser "Que a banda comece a tocar", o que vem à sua mente? Se você é fã de música, talvez pense nos irmãos George e Ira Gershwin e na canção "Strike Up the Band". Eles compuseram a letra e a melodia desta canção em 1927 para um musical homônimo. Porém, se você é fã de cinema, talvez se lembre do filme *O rei da alegria* [N.E.: *Strike up the band*, inglês] da MGM, lançado em 1940, estrelando Judy Garland e Mickey Rooney.

Para aqueles que frequentaram a Universidade da Califórnia em Los Angeles (UCLA), essa música pode fazê-los pensar em imagens de jogos de futebol americano com a banda marchando pelo campo no intervalo. Os Gershwins doaram a melodia de "*Strike Up the Band*" (Que a banda comece a tocar) para a UCLA, e, desde então, passou a fazer parte da história musical dessa universidade.

Porém, independentemente da imagem que lhe venha à mente, é provável que você esteja pensando agora numa música alegre tocada por uma banda ou orquestra martelando, martelando e martelando na sua cabeça.

Mas tenho quase certeza de que você *não* pensou no último cântico do livro de cânticos de Israel — embora "*Strike Up the Band*" poderia ser o título que o autor do Salmo 150 gostaria de dar a sua composição!

Cada um dos cinco "livros" individuais que compõem todo o livro de Salmos termina com um chamado para se louvar a Deus. O Salmo 41 completa a primeira coletânea de salmos e termina com as seguintes palavras: "Bendito seja o SENHOR, Deus de Israel, da eternidade para a eternidade! Amém e amém!" (v.13). Um chamado parecido para louvar a Deus se encontra ao final dos salmos 72, 89 e 106 — e os últimos salmos dos Livros II, III e IV. Mas qual seria a conclusão apropriada para *todo* o livro de Salmos? Que tipo de ponto de exclamação Deus poderia colocar ao final dessa incrível obra?

É preciso mais do que uma simples frase, ou versículo — ou até um salmo inteiro. Os últimos *cinco* salmos — Salmos 146 a 150 — são o chamado final ao louvor do livro completo de Salmos. Nestes cinco cânticos, o livro apresenta uma crescente, uma progressão. Hoje, estamos voltando para Jerusalém a fim

Uma harpista saudando os visitantes no interior da porta de Jafa em Jerusalém

de ouvir o coro final no chamado de Deus para louvar. Então, pegue seu casaco e sua câmera para irmos rumo ao monte na parte oeste de Jerusalém para a performance noturna.

É impossível perder o tema do concerto da noite. Cada um dos cinco últimos salmos começa e termina com a mesma expressão hebraica: *Aleluia*! Louvai a Deus… O foco principal é Deus. Ele é digno do nosso louvor. Depois de passar muito tempo, ao longo do último mês das nossas meditações devocionais, enfatizando as nossas necessidades, as nossas preocupações e os nossos problemas, agora é hora de Deus ocupar o centro das atenções. Infelizmente, muitas vezes nós esquecemos, mas na verdade, esse deveria ser o nosso alvo constante.

O autor começa nos dizendo *onde* devemos louvar a Deus. "Louvai a Deus no seu santuário; louvai-o no firmamento, obra do seu poder" (v.1). Certamente, o Templo de Jerusalém era o lugar onde Deus convocava Israel para adorá-lo. "Então, haverá um lugar que escolherá o SENHOR, vosso Deus, para ali fazer habitar o seu nome; a esse lugar fareis chegar tudo o que vos ordeno... e vos alegrareis perante o SENHOR, vosso Deus" (Dt 12:11,12).

No entanto, mesmo quando ele estava consagrando o Templo a Deus, Salomão reconheceu que se tratava apenas de uma estrutura aqui na Terra — ainda que fosse uma estrutura grandiosa como a que ele construiu — que não poderia conter nem limitar o Deus do Universo. "Mas, de fato, habitaria Deus na terra? Eis que os céus e até o céu dos céus não te podem conter, quanto menos esta casa que eu edifiquei" (1Re 8:27). Talvez, seja por isso que o salmista passa do "santuário" para o "firmamento, obra do seu poder". A grandeza dos ilimitados céus estrelados é mais apropriadamente um toldo sob o qual devemos louvar o ilimitado Deus do Universo.

Depois de nos dizer *onde* louvar a Deus, o escritor descreve por que devemos louvá-lo. "Louvai-o pelos seus poderosos feitos; louvai-o consoante a sua muita grandeza" (v.2). Louve a Deus *pelo que* Ele tem feito e *por quem* Ele é. O tamanho dos nossos problemas é sempre inversamente proporcional à grandeza do nosso Deus. Deus grande, problemas pequenos. Deus pequeno, problemas grandes. Louve-o por ser um Deus tão grandioso!

Os três versículos seguintes formam a maior seção deste último salmo. É aqui que o escritor nos diz *como* louvar a Deus. É aqui que ele nos diz para deixamos a banda tocar! E que banda! Sua orquestra inclui instrumentos de sopro, cordas, instrumentos de sopro feitos de madeira e percussão. Também inclui uma linha do coro... ou pelo menos uma seção com dançarinos. A palavra hebraica para danças (v.4) vem de uma raiz que transmite a ideia de girar ou dar voltas. Em poucos contextos, é traduzida como redemoinho de vento. Você definitivamente tem a ideia de energia, paixão e movimento. Este desfile está dirigindo-se à Rua Principal — e os dançarinos que giram são parte da banda marcial!

Agora sabemos *onde* louvar a Deus, *por que* louvá-lo e *como* louvá-lo. Mas *quem* está incluído nesta "banda de louvor" original? O salmista nos dá a resposta no último versículo: "Todo ser que respira louve ao SENHOR. Aleluia!". Eu gosto do pré-requisito para fazer parte deste grupo musical. Você não precisa saber tocar um instrumento nem cantar ou dançar. O *único* pré-requisito é que você respire. Se você estiver vivo, está apto! Nenhuma outra experiência é necessária.

O salmista finaliza o salmo — e o livro — com uma ordenança final: "...louve ao SENHOR" (v.6). *Aleluia! Você* precisa louvar a Deus! E essa é uma maneira adequada de encerrarmos a nossa jornada de 30 dias pela terra de Israel com Davi e os outros salmistas.

CAMINHANDO POR NOSSA TERRA

QUAL É O TAMANHO DO SEU DEUS? Lembre-se: "O tamanho dos nossos problemas é sempre inversamente proporcional à grandeza do nosso Deus". Quando você percebe que tem um grande Deus, seus problemas se tornam menores. Louve-o hoje por ser esse Deus tão grande! Louve-o *pelo que* Ele tem feito e *por quem* Ele é.

À medida que nos preparamos para nos despedir e separar-nos, deixe-me fazer duas últimas perguntas. Durante este tempo que passamos juntos, quais as principais verdades que você aprendeu sobre Deus? Que lições você aprendeu sobre sua caminhada diária com Ele? As imagens dessa terra desvanecerão como fotografias de viagens antigas. E a mensagem dos salmos individuais pode tornar-se obscurecida, embaçada. Mas a sua caminhada com Deus poderá continuar forte se você se lembrar de Seu impressionante poder, Seu profundo amor por você... e de sua necessidade de ficar perto dele.

Nenhum de nós sabe por quanto tempo marcharemos neste "desfile" que chamamos de vida. Mas a melhor forma de não tropeçar e cair é olhar à frente e manter os olhos fixos em Jesus continuando a louvar ao Pai e ao Filho. E, enquanto você estiver marchando, caminhe com um cântico no coração e o sorriso nos lábios. Lembre-se: "Todo ser que respira louve ao SENHOR!"

NOTAS

INTRODUÇÃO
- WIERSBE, Warren W. *Be Worshipful* (Psalms 1–89). Colorado Springs: Victor, 2004, pág. 15.

DIA 3: DEUS É MINHA MASSADA
- Josefo, *Guerra dos Judeus* (7.8.4).

DIA 8: A ORAÇÃO DE *CHANUCA* DE DAVI
- Esta frase deriva do poema "Invictus", de William Ernest Henley, no qual ele escreve: "Sou o mestre de meu destino; sou o capitão de minha alma".

DIA 9: ONDE ESTÁ DEUS EM MEIO A TANTA DOR?
- As palavras de "The Weaver" (O Tecelão) foram impressas em *The Pacific*, vol. 55, 20 de outubro de 1915, p. 81, e uma parte apareceu em *British Books in Print*, 1910, vol. 2, in "Bagster's Quotation Cards". Anteriormente, o poema havia sido impresso em *The American Farmer*, agosto de 1892. Diversos autores foram apontados, incluindo Florence May Alt, John Branister Tabb e Grant Colfax Tullar. Veja "Lyrics Whodunnit", 23 de março de 2015 no link: http://www.theworshipbook.com/blog/lyrics-whodunnit

DIA 14: UM CÂNTICO DO DESERTO
- Versículo 1, "*Only One Life*" (Apenas uma vida), de C. T. Studd, sem data. Domínio público.

DIA 15: DEBAIXO DE SUAS ASAS

- A partir do versículo 1; William Cushing, "Under His Wings" (Debaixo de Suas Asas). *Worship and Service Hymnal* (Hinário de Louvor e Adoração). Chicago: Hope Publishing, 1957, pág. 292. Domínio público.

DIA 17: O "ANTIGO CENTÉSIMO"

- Thomas Ken, "*Praise God from Whom All Blessings Flow*" (a Doxologia), *Inspiring Hymns* (Hinos Inspiradores), 1709; repr., Chicago: Singspiration, 1951. Ken escreveu o hino original em 1674; uma frase foi modificada na nova versão de 1709. Domínio público. Veja também James D. Smith III, "Where Did We Get the Doxology?" *Church History*; http://www.christianitytoday.com/history/issues/issue-31/where-did-weget-doxology.html

DIA 21: UMA PERGUNTA PERTURBADORA E UMA RESPOSTA TRANQUILIZADORA

- Milded Leightner Dillon, "Safe Am I" (Seguro Estou). Copyright 1938 por William Dillon. Permissão para uso. Tradução livre.

DIA 22: A PAZ DE JERUSALÉM

- TWAIN, Mark. *A Viagem dos Inocentes*. Portugal: Editora Tinta da China, 2010.

DIA 26: AS BÊNÇÃOS DA UNIDADE

- Irish Toasts: "Irish Toasts to Friends & Family"; http://www.islandireland.com/Pages/folk/sets/toasts.html

DIA 27: TURNO DA NOITE

- EDERSHEIM, Alfred. *The Temple—Its Ministry and Services as They Were at the Time of Jesus Christ* (O Templo — ministério e culto na época de Jesus Cristo). Londres, The Religious Tract Society, 1874. Edersheim dedicou um capítulo inteiro ("*At Night in the Temple*") a este assunto.